亨德里克・威廉・房龍 Hendrik Willem van Loon 著
伊莉莎 編譯

追溯美國歷史的關鍵時刻，
重新解讀一個國家的理想與現實

房龍的美國簡史 筆記版

USA HISTORY OF BRIEF

—— 自由的征程，美國革命與建國史！——

重新處理和解讀經典歷史著作《美國簡史》
在有限的篇幅內，快速掌握美國歷史的精髓

目錄

前言

新大陸的開拓與演繹

017　維多利亞時期的香料爭奪戰

018　十字軍東征對歐洲文明的深遠影響

019　重建歷史的百年輪迴

探尋新航路，14世紀西方商業貿易危機與機遇

023　探險家克里斯多福・哥倫布的故事

024　亨利王子，開啟航海新紀元的先驅

025　哥倫布的航海夢

026　新大陸命名背後的探險傳奇

027　亞美利哥的功績與爭議

029　新大陸的發現，機遇與代價

029　一步步接近航道的艱難

030　瓦斯科・達伽馬與新大陸

031　直通東方之路的開啟

033　尚普蘭與新法蘭西，法國探險家的開拓與傳奇

目錄

矛盾中的改革，自由與進步之路

037　約翰・喀爾文，自由與進步的矛盾改革者

038　新的「主義」與「新教」的興起

038　超越時代評判，理解複雜真相

039　新大陸的血腥征程

041　西班牙無敵艦隊的失敗與新世界的開放

042　印第安聖草，從土著智慧到全球化的菸草傳奇

043　新工業革命的黎明

044　十七世紀的殖民夢，歐洲社會變革與美洲新大陸

045　繁華興衰的殖民夢

新教歷史敘事的反思

049　溫暖的家園，清教徒的遷徙故事

050　英國殖民地的奠基，從盟約到新錫安的開拓史

051　新大陸的清教徒移民

052　約翰・溫斯羅普與新英格蘭的誕生

053　荷蘭人如何在殖民時代崛起

054　荷蘭東印度公司的誕生與

056　跨越文化鴻溝

057　荷蘭的殖民興衰，從新荷蘭失落到南美再起

美洲的征服者

062　重塑自由殖民地的理想

064　新大陸上的公誼會與改革

066　威廉‧佩恩與公誼會

067　英國殖民地的多元化發展

068　17世紀法國的輝煌與遺憾

069　法國殖民地的矛盾與困境

070　新法蘭西錯失的機遇與潛藏內幕

071　新世界的呼喚

一場偉大的競賽,國王、帝國和土地的征服

075　18世紀的殖民角力與大陸爭霸

076　從新法蘭西到工業革命,北美殖民地的爭奪與現代史的開端

077　悲劇的「效率專家」

079　茶葉革命與殖民地自治

081　從苛政到反抗,新大陸殖民者的抗爭

082　重獲自由的喜悅

083　荒原無名英雄,堅韌與希望的生命頌歌

目錄

革命中的理性與激情

087　抗爭的烽火

089　萊辛頓槍聲響起，拉開美國獨立戰爭序幕

090　華盛頓的整頓與挑戰

091　轉折時刻，提康德羅加堡的勝利與波士頓撤離

令人驚嘆的教育成就

096　革命逆風起，挺身而出的民族激進派

097　重臣憂心忡忡，英國統治美洲的危機

098　美國革命戰爭的幕後交易者

099　華盛頓軍隊在德拉瓦的堅韌精神

100　華盛頓與軍隊的隆冬考驗

101　華盛頓與富蘭克林在美國獨立戰爭中的角色

102　班傑明·富蘭克林，一個平凡而卓越的革命家

103　古稀外交家富蘭克林在法國尋求支持

104　富蘭克林的法國交鋒

新時代的悼歌

109　美國獨立戰爭初期，歐洲貴族的光輝與革命

110　荷蘭的援助 —— 美國革命的關鍵因素

111　革命的勝利與邊遠地區居民的興起

112　大國征程中的弱勢族群

113　美國革命勝利者的國家建設之路

114　從邦聯到聯邦，美國憲法誕生過程

115　建國之路，麥迪遜的《聯邦黨人文集》

116　美國憲法的生命力

華盛頓時代的新秩序

121　重建美國財政秩序

122　聯邦黨與反聯邦黨的對立

123　華盛頓的中立政策

124　告別演說中的外交警示與美國的獨立之路

125　革命的含義差異與兩國關係的僵局

126　美法革命對比，截然不同的路徑與結局

127　美國外交的艱難前路

128　巴黎外交困境，美國使節的堅守

129　法案惹惹爭議，聯邦黨鎮壓言論自由

130　民主共和黨崛起，湯瑪斯‧傑佛遜的幕後操縱

131　拿破崙交易和傑佛遜總統的重建

133　新大陸的征服者 —— 拿破崙與路易斯安那的兼併

134　歷史性交易，傑佛遜與路易斯安那購地案

135　自由與重生，美國領土擴張之路

目錄

一場兩國爭霸的世界大戰

138　中立的代價

139　禁運與通商法令，美國貿易政策的困境

141　貿易爭端中的美國國家利益

142　哈特福郡會議與新英格蘭分離危機

143　和平與勝利的代價

144　根特條約與紐奧良戰役，美國自由的崛起

新大陸上的新思潮

147　南美獨立運動，從葡萄牙王朝到克里奧爾人的覺醒

148　神聖同盟的幽默喜劇

149　門羅宣言的誕生，美國與歐洲列強的對抗

150　建立新的世界秩序

151　開拓者的孤獨，西方移民建立新文明

152　美國精神的形塑，從邊疆到建立民主時代

新時代的曙光

157　傑克森的奮鬥歷程

158　安德魯・傑克森，邊疆精神與美國民主

159　傑克森的執政之道，民選政府的現實

美國文學的悲劇根源

163　文明的阻滯，17-18 世紀美國對藝術的態度

164　藝術家的困境，愛倫・坡與 19 世紀美國文學的艱辛

165　聖安納總統的失策與墨西哥的覆亡

167　蓬勃興起的美國版圖

168　瓦特與富爾頓的創新與時代變革

169　蒸汽動力的崛起與美國內陸航運的發展

170　蒸汽機車革命，交通與經濟格局的劃時代發明

172　電報與距離的征服

173　北方進步與南方保守的對立

174　奴隸制的兩難處境

175　戰爭的代價與和平的希望

大開言路

179　傑克森至林肯時期，政治虛榮與侵略迷思

180　從偏見到解決，美國南北戰爭時期的奴隸制

181　林肯家族的新生與國家團結的曙光

182　因母親之死而堅定的決心

183　亞伯拉罕・林肯，從農民子弟到國家領袖

185　林肯的承諾，1860 年南方分裂與總統就職的重任

目錄

戰爭的重新定義

189　內戰前夕的緊張局勢，南北對立與桑特堡危機

189　開戰的序幕

190　新的國際格局

191　林肯的艱難抉擇

192　美國建國初期的軍事現實

194　戰爭中的國民分裂與政治挑戰

195　內外交困，戰爭初期的國際紛爭與外交挑戰

196　格蘭特上將的崛起與南北戰爭的轉折

199　上天注定的戰爭結局

一位意外的君王

202　馬克西米利安的帝國夢

204　國際權力賽局與墨西哥帝國的覆亡

205　南北之間的猜忌和仇恨

206　內戰後美國的重建與國內矛盾

207　穿越西部的鐵路接軌

208　19世紀美國移民潮的殘酷與希望

209　服從強權，一段無法自豪的歷史

210　文明的輪迴，現代社會的榮光與衰落

211　北美文明的歷程

212　理想與現實的碰撞

迷失方向的美國

217　戰火洗禮下的階級矛盾與社會變遷

218　新生代移民的煩惱

219　文明興衰與人類命運的輪迴

220　物質的掌控

221　權力與利益的捆綁術

223　不同文明的價值觀與人生理想

224　從羅馬到美國，權力與價值觀的轉變

225　從個性到財富，美國文化的轉變

226　物質至上的危機，19世紀末美國的價值觀轉變

227　科技與人性的困境

新興列強的明爭暗鬥

231　工業革命與全球新秩序的衝突

232　從觀察到行動，美國一次世界大戰參戰決策

233　英美文明交鋒

234　美國首次參與歐戰

目錄

美國躊躇滿志的後戰時期

238　美軍眼中的德國人與現實的反差

240　重塑戰後新秩序,美國人的願景

241　從「十四點和平原則」到政治悲劇,威爾遜的理想與現實

242　美國的崩塌與反思

243　全球視角下的美國歷史

民主的誘惑與危險

247　從希特勒到外交失誤的全球反思

248　法西斯崛起下的扭曲世界

249　迷局中的歐洲,從獨裁統治到無效談判

250　美國人的世界視野

252　自由和正義,需要為之付出一切

253　美國的承諾與未來

255　偉人的故事

257　擦撫歷史塵埃,重述過往輝煌

前言

在人類歷史長河中，美洲大陸無疑扮演著關鍵角色。這片曾經被視為「未知世界」的土地，見證了人類探求未知、學習和成長的歷程。從渴望香料的早期海上探險到信仰、黃金與原住民的遭遇；從毫無價值的荒原到英勇開拓者的聚居定居，美洲大陸的發展曲線始終緊扣著人性的起伏。

在本書中，我們可以跟隨歷史的足跡，走進美洲的過往，尋找真實而多元的面貌。從早期的法國探險家尚普蘭，到喀爾文神學家的思想洗禮，再到印第安人抗爭的悲劇，美洲大陸上曾經上演的種種人性故事，無不反映出人類自我認知和社會發展的複雜軌跡。

我們將見證新英格蘭殖民地的崛起；探討荷蘭西印度公司的投資失敗；了解各民族在此共用自由的殖民地概況。隨後，追蹤美國獨立革命的曲折歷程，了解喬治‧華盛頓、湯瑪斯‧傑佛遜等開國元勛的奮鬥足跡，以及他們如何透過各種折衷和妥協，最終確立了這個嶄新的民族國家。

直到今天，美國仍然以其獨特的「自由之邦」形象屹立於世。在這些耀眼的成就背後，曾經有多少無名英雄默默奉獻，又有多少弱小群體遭受了歷史的冷酷？本書將以客觀中立的態度，努力呈現美國歷史的「全景圖」，引導讀者重新認識這片土

前言

地的過去,思考其現在和未來。讓我們一起走進美國簡史的探索之旅,深入了解這片土地的真實樣貌。

新大陸的開拓與演繹

香料曾是 16、17 世紀歐洲尋求新航路和新大陸的主要目的。當時，香料在歐洲稀缺且價格昂貴，因此成為展現地位和身分的重要奢侈品。葡萄牙、西班牙等國先後啟動了探尋東方航路的計畫，希望能開啟獨立的香料貿易之路，並取得更大的利益回報。然而，遙遠和未知的大洋，以及各種自然災難和未知種族的阻礙，讓這些探險者面臨巨大的挑戰。

經過一個多世紀的探險，歐洲人終於確認了地球是圓形的，並開始認識這片廣大的新大陸。但對這片神祕的土地，他們卻知之甚少。未知的地理環境、氣候條件，以及居住在此的神祕部落，使得這片大陸顯得遙遠而不可捉摸。殖民者們需要面對重重未知，克服種種困難，才能真正踏上這片新大陸，並在此扎根生長。

隨著殖民活動的不斷深入，信仰和金錢成為了殖民者的重要動力。在尋找和占據新大陸土地的過程中，他們不僅試圖將基督教福音傳播到當地，而且對當地人口和資源進行掠奪和殘害。印第安人成為最早遭殃的受害者，他們的土地和生活被殖民者無情地剝奪和破壞。這種殖民活動的黑暗面也逐步顯現，引發了人們對於這一歷程的反思。

維多利亞時期的香料爭奪戰

在維多利亞時代，歐洲各國都渴望擁有價廉物美的香料資源。這些香料不僅能為菜餚增添獨特的風味，也是當時的奢侈品和地位象徵。作為供應商的香料雜貨商們，正陷入一個極端困境。

他們供應的香料已經被銷售殆盡，但需求卻空前強勁。究竟是什麼原因導致了這種供需失衡？問題的關鍵在於社會階層的劇變。

過去，普通百姓只能用粗茶淡飯度日，對飲食並無太多講究。但隨著時代進步，新興富裕階層不再滿足於簡單的飲食，反而愈來愈追求高消費的生活方式。他們經常光顧豪華的里茨飯店，再也不願意回到傳統的酒館裡享用那些聞名遐邇的大雜燴了。

這種高階消費文化的出現，給香料雜貨商敲響了警鐘。他們必須設法滿足新一代高消費客戶的需求，否則就很難在競爭激烈的市場中立足。但是，在資源供給緊缺的情況下，要滿足眼下的強烈需求並非易事。

於是，香料雜貨商們陷入了困境。這個困境不僅攸關個人利益，更涉及到整個社會經濟格局的轉變。這場源於香料的爭奪戰，背後反映的是維多利亞時期西歐社會不可逆轉的變革。

十字軍東征對歐洲文明的深遠影響

這項雄心勃勃的壯舉跨越了西班牙半島、希臘半島和義大利半島海灣，甚至延伸到摩洛哥、的黎波里和埃及海岸。這些海盜們只希望在狹小的範圍內獲得一些微小的勝利。但當他們聯合起來，藉由數千年社會、經濟和宗教的共同發展，形成了一股強大的集合力量，他們便能在廣闊的地區為所欲為。這些族群對他們面臨的危險非常清楚：戰爭會給勝利者和失敗者造成同樣巨大的損失。十字軍東征前，這樣的壯舉只發生過兩次。

第一次是在西元前5世紀，希臘成為西方霸主，擊敗了波斯人，經歷多次成功的反擊後，終將敵人趕到印度河畔。第二次是在西元200年後，羅馬人高揚民族精神，全力擊敗了迦太基，最終保住了他們的家園，享受了800多年的和平。然而，622年，亞洲出現了一位新的先知，在他的號召下掀起了一場非正義的戰爭。穆罕默德大軍的左翼占領了西班牙，右翼則透過敘利亞和小亞細亞向君士坦丁堡進軍。這時，基督教會的教皇感到恐懼，隨即宣布進行聖戰。從軍事角度來看，這場戰爭是失敗的，但給社會造成了巨大而深遠的影響。

羅馬帝國崩潰後，歐洲各國第一次接觸到一種在各方面都優於它們的文明。十字軍的將士到東方掠奪財富，卻帶回了關於舒適、奢華的新觀念，深深厭惡自己貧乏、枯燥的生活。這種觀念的轉變，很快在歐洲大陸上人們的住宅、服飾、舉止、

娛樂和飲食中展現出來。保守的老一代人不斷討論祖先的原始價值觀，而年輕人則坐井觀天，他們見多識廣，期待著機會重新裝點家居，請來外地廚師，送孩子們去學習金融和製造業，很快便累積了一千年勞動也難以企及的財富。宗教戰爭拉開了文化革新的序幕，最終將改變整個歐洲大陸的面貌。

重建歷史的百年輪迴

在這個風雲變色的時代，我們必須好好地回望歷史。過去的輝煌征服與宗教狂熱，如今都已悄然退卻，人們重拾務實與謙遜。

教會領袖已經不再像往日那般高調了。那些曾經凱旋歸來的英雄，如今也漸漸失去了祖先的神聖熱情，而與敵人相處也變得更為尊重。世俗生活的華麗，取代了神聖建築的簡約。這或許不是好事，但至少是事實。在地中海的另一邊，曾經激烈的宗教狂熱也逐漸淡化，雙方願意摒棄紛爭，達成妥協。貿易之路再次繁榮，商人們的腰包也漸鼓。

然而，一件小小的意外卻改變了整個歷史發展。一個遠離塵囂的遊牧民族，在逃亡中突遭不測，卻意外找到了新的出路。在短短百年內，這支部落就成為了強大的伊斯蘭帝國的統治者，並一舉攻入維也納，成為了強悍凶猛的代名詞。

這股宗教狂熱雖然如風暴般席捲整個西亞，但終究無法抵

擋住世俗利益的誘惑。生活在大城市的人們，更青睞於交易所帶來的豐厚利潤，而鄉野僻壤的信徒們，才是真正堅守初心的人。

這股宗教復興的浪潮，最終也不得不退回到原始教義之中。商人們被迫停止與異教徒的往來，歐洲市場上亞洲商品的供應也隨之中斷。這使得物價飛漲，連帶影響到整個社會經濟秩序的運轉。

人性的轉換，信仰的沉澱，經濟的起伏，歷史的輪迴——這個跌宕起伏的百年，誠然是一個值得反思的時代。我們能從中看到人性的複雜，也能看到宗教信仰的力量。讓我們回顧這段歷史，汲取智慧，為未來指引方向。

探尋新航路，
14世紀西方商業貿易危機與機遇

確實如此，進行貿易需要大量的金銀錢幣。幾片醃豬肉和幾桶醃菜已經難以滿足香料商的需求。他們必須支付威尼斯金幣或銀幣，才能委託代理商進行遠洋貨物的運輸。而歐洲市場也開始實行銀貨兩訖的結算方式，這造成了嚴重的問題。

黃金這種神祕而珍稀的物品，似乎超越了國家和教會的限制，必須從海外進口。歐洲的銀礦只能提供有限的供應，根本無法滿足投機商日益活躍的交易需求。於是出現了一個無法遏制的惡性循環：購買慾望高漲，供應卻減少，物價飛漲，銀金貨幣需求殷切，但可供應的黃金越來越少。東亞和北非相繼陷落，商路不斷被關閉，西方資本主義體系正在掙扎求存。

雖然有人指責資本主義有諸多罪行，但也不能否認它在危急時刻也能發揮驚人的力量。正是在14世紀上半葉，西方商業貿易幾乎崩潰，而雜貨商的呼聲也越來越高。整個歐洲的經濟、宗教、社會、文化都岌岌可危。

但現實是，在危機中往往孕育著機遇。一些精明能幹的商人並未坐以待斃，而是積極尋找新的出路。他們開始向南、向西探尋通往東方財富的新航路。雖然這麼做充滿未知和危險，但有的人勇敢冒險，集中力量去實現這個夢想。

其中不乏各種人物：經驗老道的航海家、知識淵博的天文學家、熱衷冒險的探險家，以及銳意創新的奇才。他們互補長短，共同推動了這個驚天動地的航海探險時代的到來。這場歐洲偉大探險的序幕，由此拉開。

探險家克里斯多福・哥倫布的故事

　　克里斯多福・哥倫布雖然在世人眼中只是一介平凡的小人物，但他卻懷揣著改變這個世界的偉大抱負。

　　他出生於1446年到1450年之中的某一年，具體日期無人得知。他來自熱那亞或科戈萊託，家庭條件微寒，父親勉強維持著一家人的生活。不過，哥倫布並非平凡之輩，他有著超乎常人的勇氣與智慧。

　　雖然在生活中表現得十分笨拙，但哥倫布內心卻燃燒著熊熊的野心。他渴望用大筆金錢來實現自己的抱負，進行探索和研究。他想要向世人證明，憑藉自己的勇氣、信心和智慧，一個毛織匠的兒子也能與世上的帝王平起平坐。

　　年輕時，哥倫布沒有繼承父業，而是選擇了水手的道路。他在船長的指導下，從侍從和廚工做起，在接下來的4年裡遍及了地中海東部的所有港口。隨後，他又前往葡萄牙和英格蘭，甚至到達了新發現的幾內亞海岸。他對自己的職業異常專注，後來還與一位航海背景的妻子結婚。

　　儘管身邊的人都把他當作一個普通的小傻瓜，但哥倫布卻相信，只要向西航行，就一定能夠抵達亞洲的中國，進而通往印度。雖然事實並非如此簡單，他發現了一片廣大的未知陸地阻隔了亞歐之間的海洋，但這並不會削弱他的功績。正是他首先提出了這一想法，並付諸了實踐，這必將讓他名垂千古。

亨利王子，開啟航海新紀元的先驅

亨利王子的航海事業為後世開創了新的可能性，開啟了一扇通往未知世界的大門。這位勇於開拓的人物，在航海殿堂中寫下了不可磨滅的傳奇。

作為一位出生於貴族世家的年輕人，亨利王子自幼便展現出非凡的軍事與政治才能。然而，他最大的熱情卻在於航海探索。在宮廷中，他毅然拋棄原有的地位和榮華，一心一意投身於航海事業的研究與實踐。

在薩格雷斯研究院的壓抑孤寂中，亨利王子潛心鑽研航海知識。他蒐羅收集各類地理、天文、航海數據，吸納了當時世界上最優秀的地理學家、數學家、天文學家。他們共同編繪海圖、計算航路，為後人奠定了航海科學的基礎。

在亨利王子的帶領下，葡萄牙人逐步拓展了非洲西海岸線。在艱苦的航行中，他們先後發現了可魯島、維德角群島等新地域，加深了對世界的認知。亨利王子對探險的熱忱和耐心，影響了後來一批批勇敢的探險家，如迪亞斯和瓦斯科‧達伽馬等，使葡萄牙得以率先完成環繞非洲的壯舉。

哥倫布受到亨利王子及其研究院的影響，發起了橫跨大西洋的探險壯舉，最終發現了全新的大陸。可以說，亨利王子為後來的這些偉大探險事業奠定了堅實的基礎。雖然他自己未能親眼看到這些輝煌成就，但他仍是探險史上的一座豐碑。

在一個封建保守的時代，亨利王子開啟了人類認識世界的新紀元。他用一生追求海洋未知的廣闊視野，讓世界向前邁進了一大步。正是有了這樣的先驅者，人類才得以突破陸地範圍的局限，開啟了更為廣闊的全球探索和貿易。亨利王子為此做出的貢獻，必將被載入史冊，影響人類文明的程式。

哥倫布的航海夢

歷史學家們在收集史料時，常常忽略微小但重要的細節，如洋流和海風等。我們看一幅大西洋地圖時，也許不會問北歐人是否曾到達美洲海岸，而是想知道他們是如何航行如此遙遠並最終到達那裡的。一艘法國或英國商船偏離航線後，最終要麼沉沒海底，要麼返回母國港口 —— 這都是墨西哥灣流造成的。而北歐商船往返於挪威和北極間，則時刻面臨格陵蘭洋流的危險。唯有非常幸運的船隻，才可能遇上有利的拉布拉多洋流，順利漂流至北美西海岸。

格陵蘭與挪威有長達 4 個世紀的往來（983-1410 年），期間無數男女曾前往那片神祕的西方島嶼。他們航行時沒有航海圖和羅盤指引，只能依靠北極洋流而行 —— 他們經歷的艱難險阻，我們這些不了解墨西哥灣流的人很難想像。然而，他們都是富有想像力和有文學修養的人，留下了詳細而精確的探險記錄。

我並非要重演「誰最早發現了新大陸」這場愚蠢的爭論。

有人說他是萊夫·艾瑞克森的兒子，也有人說是克里斯多福 - 多梅尼科的兒子。我只是想說明，在哥倫布時代，大西洋彼岸已存在著某些事物，只要願意向西航行三四個星期，都有機會發現。但那些認為可以直接航行到達印度和中國沿海島嶼的想法，卻缺乏依據。一批又一批的船隻遠航，卻白白浪費金錢。

接下來我們將探討哥倫布生命中的第二階段，他一直扮演著倡導者的角色。15世紀下半葉，唯一擁有足夠資金的地方就是義大利。如果羅馬教皇或麥地奇家族願意出資支持他，或者他能說服威尼斯、熱那亞政府，那就再好不過了。西班牙是大西洋的門戶，也是一個強大的中央集權國家，遠勝過規模較小、只注重自身利益的義大利城邦。因此，哥倫布最終選擇了西班牙。

新大陸命名背後的探險傳奇

哥倫布的航海歷程充滿了驚險與探索。雖然他並未找到直抵印度的航道，但卻意外地發現了一片全新的大陸。這片神祕的新大陸令歐洲人興奮異常，紛紛投入探險和研究的行列。

在反覆航行進取的過程中，哥倫布探索到不少小型島嶼，但始終未能尋獲期待已久的印度或中國文明。然而，他仍然堅信一定會找到通往目的地的航道，即便身體和精神都已疲憊不堪。不幸的是，哥倫布最終沒能在生前實現這個夢想，他於1506年5月20日辭世，未能親眼目睹自己探險成果的延續。

後來，佛羅倫斯人亞美利哥・維斯普奇曾多次前往新大陸南部，累積了豐富的見聞。他擅長宣傳自己的業績，並經常寫信向僱主洛倫佐・德・梅迪西報告所見所聞。這些信件在佛羅倫斯流傳開來，引起了學者們的熱烈討論。

當時，地理學研究院院長馬丁・瓦爾德澤米勒準備為這片新發現的大陸命名。他考慮到廣為人知的亞美利哥，遂提議將其命名為「亞美利哥之地」或」亞美利加之地」。雖然這個名稱並非出自哥倫布，但卻因為大眾對亞美利哥更為熟知而被廣泛接受，最終成為了新大陸的正式名稱。

這一命名，可以說是人類歷史上最不合理的事件之一。但對於普通學者馬丁・瓦爾德澤米勒而言，他只是希望在眾多新發現的島嶼和陸地中找到一個合適的名稱。至於哥倫布的開創性成就，雖然最終未能完全得到認可，但仍是促使歐洲人踏上探險新大陸的重要里程碑。

亞美利哥的功績與爭議

在探險之前的幾個世紀裡，歐洲北部地區流傳著一些關於未知大陸的粗糙記述。這些文獻提到了一些名叫多夫之類的人曾經到達過大鵬鳥棲息之地，並回憶了自己的冒險經歷。直到哥倫布的航海壯舉，新大陸才引起了歐洲人的廣泛關注。

哥倫布的第二次航行得到了一名佛羅倫斯商人的資助，但

這位商人不久即辭世。接替他的是另一位佛羅倫斯人亞美利哥・維斯普奇，據稱曾多次探索到新大陸的南部地區。亞美利哥是一位善於宣傳自己的人，他不時給僱主洛倫佐・德・梅迪西寫信，詳細描述自己的見聞。這些信件被翻譯、出版後，很快就在歐洲廣泛流傳。

當準備為這些新發現的土地命名時，有人提議以這位聲名遠播的佛羅倫斯人來命名。雖然有些人對此存有異議，但最終「阿美利加」或「亞美利加」這個名字還是被採用了。畢竟，這個名字已經為人所熟悉，也就沒有太多人再去質疑它的由來和合理性。

我們不能因此輕易地評判這位學者希拉科米勒斯的決定。他只是一位普通的學者，卻被一位出色的宣傳家所欺騙。至於後來那些英國將軍和傳教士對印第安人的殘酷行為，則更加令人心痛。即便是到了 18 世紀上半葉，友好的英國將領也已下定決心要消滅那些「可惡的種族」。

這些歷史事件真實地反映了殖民時期歐洲人對新大陸土著的蔑視和剝削。我們或許難辨真相，但也不應輕易否定那些在歷史長河中默默付出的人們。讓我們以更客觀、更謙遜的態度去了解那段充滿爭議的過往，了解到文明程式中難免會產生的偏差和悲劇。

新大陸的發現，機遇與代價

新大陸的發現，對於當時的歐洲勢力而言，無疑是一次歷史性的機遇。但隨之而來的殖民擴張，卻也造成了原住民慘重的代價。西班牙人憑藉軍事實力，迅速占領了大片土地，同時也差點消滅了印第安文明。儘管在表面上，這一切都是出於宗教和追求榮耀的名義，但背後卻隱藏著無法抑制的貪婪與殘酷。

殖民政策失衡也給西班牙帶來了嚴重的後果。一味的集權和壟斷，使得殖民地百姓陷入深重的剝削，使得西班牙王國內部也陷入腐敗。相比之下，最終主宰了新大陸命運的英美勢力，在更加自由和開放的環境下，反而能夠更快速地發展壯大。當西語國家逐漸式微，英語國家日益崛起，這在某種程度上也見證了新舊文明的交替。

殖民時代的影子至今依然投射在我們眼前，遺憾的是，那種征服者對被征服者的傲慢和蔑視，在某些地區與種族間的關係中仍然存在。但是我們還是期待，在相互尊重、包容差異的基礎之上，新的文明形式能夠綻放出更加燦爛的光芒。

一步步接近航道的艱難

未知的島嶼坐落在歐洲與東印度群島之間，形成了一條阻隔航道的鎖鏈。這是一個令人厭惡的障礙，困擾了無數探險家

的腳步。

最初,那些勇敢的航海者們懷著希望出海,期望能打通這條水路。但哥倫布的失敗並未阻止他們,反而激發了更多人的探索熱忱。他們一次又一次地搜尋每一個角落,穿梭於各處海灣河流,務求找到一條通往目的地的捷徑。

有時,他們曾幾度接近成功,就像 1500 年比森特・平松發現了一片寬闊的水域,似乎可以順利前往。但隨即又碰上了島嶼和沙洲的阻礙,不得不折返。就連 1513 年巴爾博亞,在占領了一片湖面後,也被連綿的山脊和火山阻擋,最終被西班牙人處決,徒留下更加複雜的局面。

就這樣,一步步接近目標,卻不斷遭遇挫折。這些探險家們用生命換來了寶貴的經驗教訓,但通往東印度的捷徑依然難尋。他們對這個令人討厭的障礙,累積了更加深刻的認知,也為後來的人揭示了新的可能。

瓦斯科・達伽馬與新大陸

隨著瓦斯科・達伽馬成功尋找到通往加爾各答的東航路線,整個歐洲探險的格局發生了劇變。從加的斯到聖多明各和古巴,曾經那漫長而危險的航行,如今不再是必經之路。沿著亨利王子 25 年前指定的航線向南航行,三四天便能補給淡水。如此一來,「亞美利加大陸」在地理上的吸引力大為減弱,剩下

的只有實實在在的經濟利益。

於是，一大批出身卑微的貴族冒險家、惡棍暴徒以及伊比利半島上的無賴流浪漢，都躍躍欲試，爭相前往新大陸發財致富。他們的手段極其殘酷：槍殺、砍殺、絞殺、放火、搶劫、說謊欺騙，直至燒毀鄉村、碾碎土著。而這些事蹟卻被一些作家頌揚美化，宣稱他們的殺戮行徑與他人不同，完全正義無庸置疑。

短短時間內，新大陸上凡有價值之地，全部淪陷在西班牙征服者的手中。他們強行霸占這些土地，卻又不願意耕種。墨西哥、祕魯、智利等地陸續成為新卡斯蒂利亞的一部分。西班牙和葡萄牙在東海岸也開啟了自己的殖民活動，不過仍受限於教皇亞歷山大六世在地圖上劃定的分界線。

16、17世紀正是地圖製作的黃金時代，不少畫家和科學家都將手藝發揮到了最高境界。但他們所勾勒出的美洲形象卻頗為奇特。南美洲和中美洲的海岸線和河流描繪得極為準確細緻，但北美的廣袤原野卻只簡單註明」毫無價值的土地」。這些地圖繪製者緩緩浮現新大陸的形象，令人啟迪思考東西方文明的碰撞。

直通東方之路的開啟

伴隨著地理大發現時代的到來，瓦斯科·達伽馬的東航路線的發現不僅為航海家們開啟了通往加爾各答的直達航道，也

使得過去那條危險而漫長的從卡迪斯和帕洛斯到聖多明哥和古巴的航線不再必要。毫無疑問，這一發現是一大突破性進展。

西班牙與葡萄牙的探險家們順著亨利王子 25 年前指定的路線向南航行，很快就看到了一望無際的陸地。他們意識到，所謂的「亞美利加大陸」在地理上已不再那麼具有吸引力，只剩下可供利用的經濟利益。這樣的認知很快引發了殖民主義的野心和掠奪慾望。

一些出身卑微的貴族冒險家、盜賊以及惡棍們爭相湧向新大陸，急切地想要實現自己的「宏偉事業」。不論是槍殺、砍殺、縊殺，還是放火搶劫、欺騙謊言，他們毫不手軟地對待當地土著，並藉助於一些作家的美化描述，使自己的罪行延續流傳。

在如此殘暴的掠奪之下，墨西哥、祕魯乃至智利相繼淪陷，滿目瘡痍。與此同時，西班牙人和葡萄牙人在東海岸也開始了自己的活動，儘管這些活動被教宗所劃定的「小紅線」所限制。

回顧當時地圖的繪製，我們不難發現，這些繪製地圖的專家們雖然在一些地區表現出了非凡的技藝和科學水準，但對於北美地區，他們卻一概草草帶過，僅僅寫下一句「毫無價值的土地」。可以說，這些都牽涉到當時的殖民主義觀念和文化偏見。

時至今日，儘管我們的祖先在航海和探險方面已經取得了巨大成就，但似乎永遠也無法擺脫偏見和自我中心主義的困擾。我們難以自拔地抱持著這種「更優越」的心態，卻往往忽視

了前人在開拓新天道地路上的卓越貢獻。或許這就是人性的一個永恆的缺陷吧。

尚普蘭與新法蘭西，法國探險家的開拓與傳奇

西班牙人和法國人在新大陸的行為方式大不相同。西班牙人一向武力橫行，掠奪殺戮；而法國人則更偏向以禮待人，先建立聯盟再行動。其中最著名的探險家非尚普蘭莫屬。

尚普蘭在新大陸的足跡遍及廣闊的北美大陸。他不僅開拓了通向內陸的水路，繪製了多處地圖，更是巧妙地利用當地部落之間的衝突來拓展自己的勢力範圍。在他的帶領下，法國陸續在聖勞倫斯河下游建立了一些重要的殖民地，成為了日後「新法蘭西」計劃的基地。

然而，即便有了這樣一些開拓者的熱情，法國國王仍然不太重視在美洲的投資。相比之下，他們更傾向於與哈布斯堡王朝為爭奪在歐洲的勢力而纏鬥不休。他們似乎很難看到遙遠的北美大陸開發所帶來的長遠利益。在他們眼中，那片土地如同茶餘飯後的神話傳說一般遙不可及。

尚普蘭等法國探險家的成就，在當時人們眼中似乎只是區區幾個點綴在地圖上的小點而已。然而事實卻是，他們為日後「新法蘭西」的建立奠定了堅實的基礎，成為了一段傳奇的開拓史的重要一環。

矛盾中的改革,自由與進步之路

矛盾中的改革，自由與進步之路

　　生命就如聖洛倫佐教堂中那塊原石一般，儘管外表簡單無華，卻蘊含著無窮的意義。

　　喀爾文博士在探尋世界奧祕時，發現即使是看似微不足道的事物，也往往都有著深刻的內在價值。那塊原石不被雕琢，卻成為參觀者們思考的對象。同樣地，一個人的一生，雖然短暫平凡，卻也可能對這個世界產生深遠的影響。

　　哥倫布的發現雖然開啟了西班牙的疆土擴張，卻也為美國帶來了文明之光。即使是一位默默無聞的德國教書匠，也因為編寫了一本普通的地理課本，而在新大陸的命名歷史上扮演了關鍵角色。這些事例都啟示我們，生命的意義並非來自於 worldly 成就，而是源自於內心的堅持和追求。

　　即使在歷史長河中，有些名字會逐漸被遺忘，但只要我們懷著開放和尊重的心態，就能從每個生命中發掘出其獨特的價值。就如同美國人民對哥倫布的崇敬，我們也應以包容的態度，欣賞每個人在這個世界上所留下的足跡。

　　生命的本質往往隱藏在最簡單的事物之中。讓我們以謙遜的心態，細心觀察生命的奧祕，用智慧和愛心，發掘每個人內心的光芒。

約翰‧喀爾文，自由與進步的矛盾改革者

　　約翰‧喀爾文無疑是近代史上最具影響力的宗教改革家之一。他創立的神學體系雖然已經過時，但他對人類自由和進步事業的貢獻卻是不可磨滅的。

　　作為一位勇於挑戰教皇權威的勇士，喀爾文激發了無數改革者和新教徒為反叛大旗而戰。與生活在安全地帶的馬丁‧路德不同，喀爾文終生生活在與天主教勢力交鋒的前線。面對如此壓力，他發展出一套極為嚴苛的神學體系，強調預定論、因信稱義等教義，併力行對自由和公義的追求。

　　喀爾文可能不會認跟我們對他的評價。他一生都在為爭取法國人的思想自由而奮鬥，最終希望日內瓦成為第二個羅馬，在那裡人們必須按照教規行事，接受長老的絕對權威。這種想法顯然是矛盾和不可行的。

　　但正是喀爾文的這種矛盾性，使他成為典型的改革鬥士形象。他不僅挑戰了教規，更為後世留下了自由和進步的寶貴遺產。正如他所言，自由和幸福是每個文明國家追求的目標，喀爾文無疑為此做出了卓越貢獻。

　　因此，我們應該在美國每一座城市和村莊豎立他的雕像，以紀念這位偉大的神學家和改革家。他的生平和思想雖有爭議，但他對人類文明的進步卻是不可磨滅的。只有銘記喀爾文的遺產，我們才能真正理解自由和進步的寶貴意義。

矛盾中的改革，自由與進步之路

新的「主義」與「新教」的興起

這種哲學在其他地方是根本找不到的。「絕不留情」的訓誡是從戰火硝煙中帶到平靜的教會和國家。戰場上的不留情與治理上的不留情只有一步之遙。但正是這一步，拉開了與《新約全書》中所展現的仁慈大相逕庭。信徒們被帶回了《舊約全書》中所展現的那種冷酷無情之中，離開了溫暖的拿撒勒田野，開始視耶路撒冷城牆為靈魂的寄託之地。

歷史學家對此深感遺憾，但遺憾並無濟於事。我們所能做的，就是竭盡全力去理解這一轉變。鐵腕人物最終摧毀了世界超級大國羅馬帝國，他們的作為順乎人心。因為羅馬人的宗教信仰直接模仿先知和大師，必將在未來消失。但他們的好事必將流芳千古。

我相信，如果沒有日內瓦湖畔那位孤膽鬥士的啟迪和激勵，我們就無法完成自己的使命。約翰‧喀爾文和馬丁‧路德，促成了宗教改革，開啟了新的「主義」和「新教」。他們的思想影響深遠，直到今日。

超越時代評判，理解複雜真相

歷史的評價並非一蹴而就，往往反映了當時的價值觀和政治立場。勝利者往往會被尊稱為英雄，而失敗者則淪為叛徒。

但事實往往比我們想像的更加複雜。

我們不應以當下的道德標準武斷地評判過去，而是要站在當時的歷史背景中，謹慎地理解各方的動機和考量。宗教、政治、經濟等因素交織在一起，往往牽動著人們的行為。愛國者眼中的英雄，在敵對者眼中可能是暴徒；而我們今天視為罪犯的人物，或許在當時也有其正當性。

歷史學家的責任，就是盡可能客觀地還原事實真相，不偏不倚地描述發生了什麼，讓讀者自行思考和判斷。我們不應該成為道德裁判，而是應該努力理解歷史的複雜性，尊重不同時代的價值取向。只有這樣，我們才能從中汲取智慧，避免重蹈覆轍，推動社會的進步。

每個時代都有其特定的背景和邏輯，我們不應以現代眼光武斷地評判過去。相反，我們應該虛心學習，從中汲取智慧，以更開放的心態看待世界的多元性。歷史是一面鏡子，對映著人性的光芒與陰暗面。只有用心去理解，才能在跌宕起伏中找到前進的方向。

新大陸的血腥征程

新大陸的探索與殖民過程充斥著各方利益交織、殘酷屠殺的歷史畫面。從法國新教徒的殘酷覆滅，到西班牙人對英國殖民者的復仇，再到雷利爵士率領的屠殺行動，這片土地上始終

瀰漫著鮮血和仇恨的氣息。

不同的宗教和國籍背後，隱藏著更深層的權力與利益之爭。各方勢力為了自己的利益，毫不留情地犧牲了無辜的生命。科利尼船長建立的新教徒殖民地，僅僅兩個月後便遭到西班牙艦隊的血腥屠殺；三年後，法國人為了報復而攻打佛羅里達，也同樣殺害了全部西班牙人。這場殘酷的仇恨循環一直延續到20年後，當羅利爵士率領探險隊進占維吉尼亞時，又揮舞著屠刀，以女王伊麗莎白一世的榮耀來掩蓋他的血腥行徑。

這片新大陸並非神賜的淨土，而是充滿了殺戮與仇恨的戰場。不同的勢力為了爭奪更多的利益和領土，毫不猶豫地犧牲了無數人的生命。這是一段充滿殘酷與野蠻的歷史，令人不寒而慄。然而，從中也可以看到人性的扭曲，以及宗教信仰和民族利益是如何成為殺戮的藉口。這段歷史的啟示，必將長久地存在於我們的記憶之中。

海盜與殖民者：掠奪與壟斷的荒唐盛世

這段時期可謂是海盜與殖民者之間的荒唐盛世。殖民地已經不復存在，就像一艘在大海上失蹤的船隻，神祕地消失了。沒有人想要再次前往北美荒野，開闢新的據點。取而代之的，是一種更加簡單直接的掠奪方式，攔劫西班牙和葡萄牙的商船，獲取源源不斷的金銀財富。

西班牙和葡萄牙一直小心翼翼地保護他們的壟斷地位，竭盡全力阻止他們的殖民地發現被傳播出去。他們把從殖民地搜

刮來的黃金、白銀迅速運回祖國，企圖掌控整個市場。可笑的是，這些被他們據為己有的財富，原本都應屬於當地的印第安人。西班牙人透過偷竊和掠奪的手段占為己有，而英國和荷蘭則又從西班牙人手中搶走了大量的金銀。

北方新教徒利用靈活迅速的小船，與南方天主教徒笨重緩慢的大帆船進行殘酷的搏鬥。這些海上戰鬥不僅為英荷提供了大量戰利品，也成為諸多文學創作的靈感泉源。西班牙的船隊和倉庫始終無法逃脫被抄劫的命運。來自倫敦和弗拉辛的掠奪船甚至不顧遭受西班牙宗教裁判所酷刑的危險，將他們的活動範圍一直擴展到太平洋東岸。

可以說，這個時期是海盜橫行的荒唐盛世。在殖民者的相互掠奪中，西班牙和葡萄牙的壟斷地位終於打破。但是，印第安人的權益終究還是被徹底忽視了，他們的祖產被一次次掠奪殆盡。殖民帝國的夢想最終化為烏有，而海盜的暴行卻成為這段歷史最引人矚目的一面。

西班牙無敵艦隊的失敗與新世界的開放

我們都知道，1588 年西班牙企圖發動一場聖戰，以消滅英國和荷蘭的勢力。對他們來說，這次戰爭是兩種無法妥協的人生哲學之間的決戰。西班牙組建了一支 6 萬人的強大艦隊，計劃先在敦克爾克補充物資，然後依次侵略北海沿岸各國。他們

對這次戰爭充滿了必勝的信心和壯志,每個真正的西班牙人都希望能在聖戰勝利中分享榮耀。

而在北方,新教徒們也是鬥志昂揚。許多人放下手頭的工作,加入匆忙組建的海軍,誓要保衛祖國,將反對基督的人阻擊在國門之外。他們中的一部分人成功封鎖了敦克爾克,切斷了西班牙艦隊與正在登陸的部隊之間的連繫。其餘的新教徒船艦則如獵狗追擊受傷的熊,緊隨西班牙無敵艦隊。就在這時,上天伸出援手,前所未有的狂風暴雨把這支艦隊吹離了原定航線,導致西班牙遭受慘重損失,幾乎一半的船隻未能返回港口。這次最後的聖戰就此慘敗收場。

西班牙無敵艦隊的失敗,給北方人帶來了一個寶貴的教訓:西班牙人並非不可戰勝。此後,新大陸上的西班牙殖民地也漸漸向外界開放,所有想前往美洲的人都可以前往了。這場戰爭,雖然對美洲的後續發展沒有直接影響,但卻悄然改變了這片大陸的未來。任何人都可以乘風破浪,前往那塊令人嚮往的新天地了。

印第安聖草,從土著智慧到全球化的菸草傳奇

最初歐洲人對於新大陸土著的文明程度存有偏見,認為他們原始野蠻,甚至連車輪都無法接受。但事實證明,這些」異教徒「的智慧並不遜於歐洲人,反而在很多方面超越了歐洲祖先,

尤其是在農業栽培方面。他們培育出玉米、馬鈴薯、咖啡、棉花等許多重要作物，這些作物後來傳回歐洲，造福了一代又一代的歐洲人。

其中最引人注目的就是菸草，「印第安聖草」。這種化學性質獨特的植物，一開始在歐洲被視為神奇的藥草，引起了眾人的關注。隨後人們發現，以陶製長管吸食菸葉，可以使人心情平靜，產生一種迷幻的愉悅感。這讓菸草迅速流行起來，不僅進入了公眾生活，更難能可貴地打破了宗教的壁壘，成為普遍受歡迎的消遣品。

值得注意的是，菸草的廣泛傳播與英國在美洲的殖民活動密切相關。新教徒以此作為自身事業，大規模推動菸草在美洲乃至全球的普及。雖然最初一些道德守護者試圖禁止吸菸，但抑制不了人們對此的狂熱追捧。菸草的興起，成為推動新大陸經濟和文化全球化的重要因素之一。這種看似無關緊要的「聖草」，竟然在意想不到的領域發揮出重大的歷史影響力。

新工業革命的黎明

在中世紀，教會對牟利的觀念是非常嚴格的，因此進行現代意義上的商業貿易幾乎是不可能的。但是宗教改革的結果改變了這一切。有一些特別虔誠的新教徒，他們在」上帝的選民「和」受苦的群眾「之中和平共處。這些人都是非常吝嗇的商

人，熱衷於尋找發財的機會。喀爾文的神學觀點激發了他們的想法——他們必須不斷地致富，讓那些不應該富有的鄰居永遠貧窮。

於是他們開始大規模地從事貿易活動，並且對崇拜」偶像「的天主教徒展開聖戰，希望新教世界充滿金錢。據猜想，在1500-1600年間，英國的財富增長了三倍。金銀雖然本身無用，但卻成為大家渴望的象徵。很少有人意識到，擁有大量金銀並不一定代表幸福，有時反而成了負擔。

這一轉變代表著中世紀的統治被徹底顛覆。哥倫布發現新大陸後，西班牙和葡萄牙大量黃金白銀流入歐洲，物物交換的舊制度被徹底消除。地主不再是社會骨幹，商人們突然擁有了前所未有的財富和地位。他們紛紛搬入上等住宅，把孩子送入昂貴的學校，投資奢侈的婚事。這些都代表著一個新時代的降臨，工業革命的前奏。中世紀的束縛被打破，一個全新的商業社會正在崛起。

十七世紀的殖民夢，歐洲社會變革與美洲新大陸

1600年的歐洲社會正處在一個劇烈變革的時期。地主們紛紛改建鄉間住宅，囤積穀物出售以獲取利潤。商人們由此受到了打擊，不得不向地主購買小麥，導致糧價不斷上漲，勞動者首當其衝。

與此同時，宗教改革浪潮席捲而來，成千上萬的修士、修女被迫離開他們熟悉的修道院。這些失去生計的人們被拋向了勞動力市場，成為開拓殖民地的重要條件之一。

另一個關鍵因素，就是少數人大量擁有剩餘資金，正積極在尋找可以賺錢的新領域。這樣，殖民地成為了他們的最佳選擇。

雖然早期的殖民企圖宣告失敗，但法國人尚普蘭的發現重燃了人們的希望。大家幻想著能從大西洋直達太平洋，找到一條通往美洲的捷徑。

英國人率先成立了「倫敦公司」，開始向維吉尼亞地區派遣殖民船隊。1606 年冬季，三艘裝載著水手和殖民者的船隻啟航，最終在切薩皮克灣找到了一處合適的地點，並將其命名為詹姆斯河，以表達對英王的崇敬。

一切都暗示著一個重大的殖民運動即將拉開序幕。當年的殖民者們被繁榮的想像所迷惑，卻不知道他們即將面臨的艱難困苦。這片美洲大陸，是否真能如傳說中那般富饒，令他們獲得新的生機？

▍繁華興衰的殖民夢

17 世紀初的 1607 年 5 月，一批滿懷希望的英國移民抵達了北美東海岸，開始了在詹姆士城的新生活。然而，短短 6 個月

後，他們有一半人死亡，剩下的人也想方設法脫離險境。這個新殖民地的建立過程艱難曲折。

詹姆士城附近的環境並不如想像中的理想，到處都是沼澤和茂密的森林。尋找通往印度的「直接航道」也無果，而最初發現的據稱富含黃金的礦物質，實際上只不過是廉價的黃鐵礦。大部分移民生活在種種挫折和疾病的折磨之下，情緒低落。

好在有一個人懂得紀律的重要性，憑藉著堅強的意志力，將這群怨聲載道的移民團結了起來——這個人就是約翰·史密斯。他的果斷和樂觀支撐著殖民地度過了英國救援到來前的艱難時刻。

危機過後，一個令人意想不到的轉機出現了。來自倫敦的約翰·羅爾夫發現了維吉尼亞菸草的潛力，透過改進加工工藝，使這種原本口感苦澀的菸草成為市場上的熱賣品。維吉尼亞菸草迅速在全球風靡起來，成為國王和英國紳士們追捧的時尚。

轉機到來後，殖民地迅速繁榮起來。房地產業蓬勃發展，需要大量勞動力，於是從非洲輸入大量奴隸。菸草種植業如火如荼，一夜之間將這片荒蕪之地變成富庶的殖民地。英國國王也迅速分得了這筆意外的豐厚利潤。

從危難到繁榮，這片殖民地的命運在短短幾十年內發生了翻天覆地的變化。一個小小的菸草，竟然改變了北美這片大陸的歷史發展。誠如前文所說，歷史有時會以出人意料的方式來實現自己的使命。

新教歷史敘事的反思

每每讀到早期美國歷史中那些富於想像力的描述，我都不免感到一陣惱怒。許多人已經將美國的歷史神聖化，認為這是上帝旨意的具體展現。然而，這種思想不僅極度自負，也與事實真相大相逕庭。

首先，我們必須正視當初那些在「五月花號」上倖存下來的水手們，他們往往會無端編造一些故事。這些故事要麼誇張描述某位老水手的遭遇，要麼誇誇而談自己在生死邊緣的經歷。但其實，這些只是為了取悅自己的妻兒，使他們以另一種眼光看待這些水手們的遭遇而已。

再者，我很不認同科頓‧馬瑟牧師的說法。他竟然歪曲事實，聲稱上帝「清除」了危險的印第安人，為殖民者的「健康發展」鋪平了道路。事實上，那些可憐的土著早在清教徒們到來之前，就已經因天花和麻疹而大量喪生了。他們無法理解，原來僅僅是為了滿足那些遲到移民的玉米需求，就要犧牲自己的生命。

儘管如此，我還是能理解當年那些移民們所表現出的「堅持到底」的精神。畢竟，他們生病時在嚴寒中被拋棄在岸邊，卻比之前到來的移民幸運得多。前者不是餓死就是被印第安人吃掉，甚至有些人消失在了荒野中，再也沒有人見到他們。但這些最初的移民毫無疑問是在冒險，他們最終實現了自己的夢想，得到的竟然比預期的還要多。他們橫渡大西洋，逃離了饑荒，種植了菸草，日益富裕，建立了自己喜歡的教堂。即使他

們自己都不知道，但他們已經為這個偉大的帝國奠定了基礎，建立了一個以他們的道德標準為基準的政府。這對於任何一個小鎮的麵包師、車輪製造商或蠟燭製造商來說，難道不值得自豪嗎？

不過，我們必須正視當時「清教徒」這個詞的複雜性。它並非單指新教的一個派別，而是一種生活理念。歷史上曾經出現過清教徒天主教徒、清教徒伊斯蘭教徒，乃至清教徒自由思想家。宗教改革之後，許多人認為單單驅除世俗觀念還不夠，必須再進一步清除思想上的各種束縛。於是新的小型枷鎖取代了原來的思想枷鎖，又出現了一些新的「長老」，他們同樣嚴格、嚴厲。在這樣的形勢下，那些希望透過偉大改革來獲得靈魂自由的人，還是要面臨和30年前一樣的嚴峻考驗。雖然不用再擔心宗教裁判所的密探，他們的言行異端或冒犯了新貴們。

溫暖的家園，清教徒的遷徙故事

不信奉國教的清教徒在1607年逃離了英國，前往荷蘭尋求庇護。在阿姆斯特丹，他們經歷了艱難的生活，飽受異鄉他鄉的孤獨和歧視。後來他們移居到萊頓，荷蘭政府給予了他們禮拜堂和牧師，但無法避免在日常生活中面臨的語言和文化隔閡。

1620年，清教徒開始尋找新的出路。當時維吉尼亞殖民地正在招募大量低廉勞動力，這為他們帶來了希望。儘管想要放

棄私有土地，他們還是決定乘坐「五月花」號前往新大陸。這次長達兩個月的跨海之旅充滿了風險，船長偏離了航線，最終卻在一處無名的海灣停了下來。

這群清教徒最終在這片陌生的土地上建立了自己的村落，並將之命名為普利茅斯。但是，並非所有人都滿懷希望，因為有些人本來就沒有足夠的錢。遠離家鄉，在全新的環境中掙扎求生，清教徒們面臨著重重困難。雖然前路未卜，但是他們堅定地相信法律與秩序，決心前往維吉尼亞追尋更好的未來。這群英勇的清教徒，必將在新世界建立自己溫暖的家園。

英國殖民地的奠基，從盟約到新錫安的開拓史

這片殖民地的開疆拓土並非一蹴而就。在最初的艱難時刻，總有一些仁人志士站出來穩定局面，最終化險為夷。他們迅速起草了一部詳盡的行為準則，被稱為」盟約」，人們對之崇敬有加。所有簽名的殖民者都承諾恪守這套公正平等的法規，因為他們深信這正是殖民地整體利益的最佳展現。

這與獨立宣言不同，更多展現了英國人一貫的實事求是精神。在過去數百年，這種務實、理性的態度一直是英格蘭民族的典型特質，使他們即便革命也保持莊重。果然，這部盟約使殖民者們團結一致，共同渡過了嚴酷的寒冬和種種苦難。只有集體遵守紀律，才能避免過激行為的發生。據我所知，在最初

五年裡，殖民地中只有一人被處以極刑，真可謂奇蹟。

這種順利的開局，以及最終在這個寒冷荒涼的新大陸站穩腳跟，首要歸功於那幾位傑出的領袖人物。他們意志堅定，視大局大於私，毅然決然拋棄舊大陸，永不回頭。他們是真正的開拓者和勇士，義無反顧地建立起西方世界的新錫安。所有在寒冰下長眠的殉道者都明白，他們的犧牲是值得的，因為一切都在朝著理想的方向穩步前行。

新大陸的清教徒移民

在 1570 年代初期，喜歡沉默的威廉一世對荷蘭獨立戰爭的緩慢進展深感失望。他號召信徒們離開故土，前往遙遠的美洲。他大聲疾呼：「到那荒原上去吧！在那裡可以享受自由，比在不和睦的家鄉當奴隸要好得多。」成千上萬的人聽從了他的呼喚，背井離鄉，到達一個陌生的大陸，投身於前景未卜的冒險活動。這次大規模的「新英格蘭」殖民地移民活動可以說是空前絕後。

我們必須了解，清教主義並非一個教派，而是一種獨特的觀點。人們往往將清教徒與貧困、謙恭連繫在一起，但事實上，在英國統治階層中，也有許多虔誠的清教徒，他們時刻準備為自己的理想獻出一切。他們都是伊莉莎白女王時代的後裔，秉承著嚴格的品性，這是他們在經歷了放縱、狂歡後的正常反應。

新教歷史敘事的反思

然而，在英國道德要求日益嚴格的時候，王位卻落入了一些外國人手中。這些國王與亨利八世、伊麗莎白大不相同，他們並不懂得投合民意。都鐸王朝的國王大多暴君，但他們至少還知道適可而止，在適當時候廢除令人不快的法令，獎賞新舊法令的支持者。相比之下，斯圖亞特王朝的國王雖然出身蘇格蘭貴族，但在英格蘭統治時期卻使人民飽受苦頭。

與此同時，都鐸王朝的國王們性格活潑，帶有鄉村式的幽默感，他們的生活往往簡單，不需要嚴格按照法律或《聖經》，因此專制程度也略有減輕。這些歷史背景或許有助於我們理解為什麼清教徒會選擇遠離故土，前往未知的新大陸尋求自由和理想。

▍約翰・溫斯羅普與新英格蘭的誕生

許多人認為英國國王詹姆斯一世及其子查爾斯不太合適統治一個對君權神授產生疑問的國家。詹姆斯一直被認為有一個可笑的蘇格蘭性格，膚淺地崇拜西班牙，而查爾斯則繼承了父親的錯誤政策，企圖避開議會直接統治。這些作為引起了英國人對國家前途的擔憂。

在這種背景下，約翰・溫斯羅普這樣的人決心亡羊補牢，前往大西洋彼岸建立一個新的英格蘭殖民地。溫斯羅普是一個名門望族出身，曾在劍橋就讀，後從事律師工作。他擔心英國

將因國王的暴政而走向毀滅,加上害怕天主教會的勢力蔓延,因此決心超越重重阻礙,率領一批清教徒渡海而去,建立一個與舊英格蘭截然不同的新世界。

這個新英格蘭將由溫斯羅普和同伴們組成的殖民政府來治理,不會有遙遠的地主記憶存在。他們定居初衷是要建立一個虔誠的清教徒社會,不容許道德敗壞和個人意見。他們以《舊約全書》為最高法典,不准有任何異端存在。

1630年3月,約翰・溫斯羅普率領一大批移民啟程前往美洲。他們最初選擇了賽勒姆,但那裡的情況不太理想,於是改在約翰・史密斯曾經歇腳的地方——波士頓灣定居。這裡成為了新英格蘭的發源地,代表著一個徹底不同的世界正在此展開。

荷蘭人如何在殖民時代崛起

對於查爾斯和他的追隨者而言,他們完全沒有意識到溫斯羅普先生在麻薩諸塞建立清教城邦的真正用意。這片殖民地的確成為了溫斯羅普理想中的清教主義樞紐。短短12年內,麻薩諸塞的轄區內就有1.6萬人口,並有數百艘船隻來往於新英格蘭各港。雖然麻薩諸塞未能派遣大量志願軍回母國協助本土清教徒反抗迫害,但其存在無疑大大鼓舞了他們的抗爭信心,使查爾斯最終登上王位。當祖國最終清除了邪惡和罪孽,這個清教徒城邦的用處也就不復存在了。於是,有些先前來到此地的人

選擇回國，但本地出生的年輕人卻決意留下，因為這片土地已經成為他們的家。

在這一時期，另一個殖民力量——荷蘭也逐漸崛起。早在凱撒時代，北海沿岸就已是一片沼澤，但隨著時間流逝，人們逐步開墾出了肥沃的土地。12世紀時，鯡魚從波羅的海遷徙到北海，一位天才的荷蘭人發明了能很好儲存這種價值高昂的鯡魚的新方法。由於大陸各地人民需要在天主教禁食期間食用鯡魚，荷蘭的鯡魚很快成為國際上廣受歡迎的食品，商人們因此迅速致富。但富裕的日子很快就結束了，因為鯡魚每年只在固定時期才會出沒在較淺的海域。為了維生，荷蘭人轉而成為西歐國家之間的中間商和貨物運輸人，從但澤運往卡迪斯和利弗諾，獲取豐厚的利潤。

接下來的宗教改革進一步加速了荷蘭的崛起。作為一個富庶的農業國，荷蘭人熱情擁護了路德和喀爾文的思想，這與西班牙國王菲利佩的神學觀點產生了矛盾。怒不可遏的荷蘭人開始了長達80年的獨立戰爭，最終推翻了西班牙的統治，奠定了荷蘭未來成為殖民強國的基礎。

荷蘭東印度公司的誕生

在最初的20年裡，荷蘭海軍不斷受到西班牙海軍的攻擊和損失。但是隨著他們在航海技術上的不斷進步，最終迫使西班

牙的寶藏船隊不得不在大西洋上至少以六艘軍艦來護衛。其中有一位極富冒險精神的水手,名叫讓·烏伊根·範·林肖騰,在1595年出版了一本著名的小書,向同胞們論述了經過好望角前往印度的可能性。

為了將混亂的東印度貿易納入體系,荷蘭主要政治家約翰·範·奧爾登巴內費爾特提出了合併建議,最終在1602年成立了「聯合東印度公司」。公司很快控制了曾經引誘哥倫布西航的「香料群島」,並在近200年裡建立了一個幅員遼闊的殖民帝國。

為了尋找一條能夠直接連線阿姆斯特丹和巴達維亞的航線,人們在16世紀末到17世紀初進行了多次北極探險。雖然前幾次探險都以失敗告終,但在1608年,阿姆斯特丹的地理學家再次認為這是可行的。於是他們說服公司再次派遣探險隊。1609年,哈德遜船長駕船出發,經過一番波折最終在今天的美國發現了一條大河。雖然這條河沒有直通東印度的期望,但哈德遜仍然寄予希望,認為此地可以建立一個殖民地。翌年他再次出海,但卻遭到水手的叛變,最終被放逐到冰海上,命歸未卜。

這次探險雖然未能尋得東北航道,但開啟了日後荷蘭在北美洲的殖民事業,留下了哀嘆與遺憾的歷史篇章。哈德遜的失望和最終的不得善終,再次折射出人類在追求未知中所面臨的艱難與危險。

新教歷史敘事的反思

跨越文化鴻溝

跨越文化鴻溝的歷程從未平坦，探險記載中卻處處可見人類行為的極端對比。歷史上，有關 15、16 世紀航海探險的記錄中，揭示了許多令人髮指的殘酷行為，一群不滿的水手竟然對船長和病患犯下殺人罪行，足見人性的陰暗面。而在另一方面，一些海外貿易商卻維持著良好的與當地土著的關係，相互尊重，共用繁榮。

然而，隨著定居者人數的增加，這種友好氛圍最終也難以維繫。荷蘭人逐步進入土著禁地，破壞了長久建立的互利關係，引發了一系列衝突。這種東西方文化差異的碰撞，導致了難以溝通和理解的局面。即便對於同為歐洲殖民者的荷蘭人來說，在新大陸建立穩固根基也並非易事。他們缺乏強大的財政支援和合適的管理人才，反而派遣了一些失意之輩前往殖民地，徒增管理困難。

即便如此，新阿姆斯特丹還是成為了多國移民匯聚的國際大都會，展現了「自己生存也讓別人生存」的寬容原則。但若缺乏願意長期定居的殖民者，這些美好的願景又如何實現呢？文化隔閡的跨越，需要的是互相尊重、包容差異，化解誤解，共創美好未來。

荷蘭的殖民興衰，從新荷蘭失落到南美再起

數百年前，長期主導北歐的封建土地占有制重新興盛，推動了殖民地的開拓。然而，這卻導致了嚴重的專制統治和腐敗，使殖民地毫無實際意義。「大地主」剝削佃戶，強迫他們接受自己的服務，這樣的時代終已一去不返。更令人頭痛的是，一直以來，荷蘭人與鄰近麻薩諸塞地區的清教徒關係並不融洽。清教徒認為上帝特別眷顧他們，賜予了這片北美大陸，其他種族的進占都是對神的褻瀆。這些曾經在荷蘭尋求避難的人，如今竟然轉過頭來指責荷蘭是萬惡之源。

然而，新荷蘭殖民地最終崩解，並非完全歸咎於這些恩怨情仇。那些目光短淺、與時代脫節的總督也難辭其咎，但自然發展的規律必將他們埋葬，給予更有活力的年輕人以接任。1664 年，荷蘭與英國交戰，新荷蘭淪陷。7 年後，荷蘭收復了失地，但由於忙於其他海外利益，無暇顧及這片土地。這片土地愈加混亂：貪官橫行、農民抱怨、訴訟不斷，向國會和政府的請願個個無果。最終，在 1674 年的威斯敏斯特和會上，荷蘭不得不放棄在新荷蘭的一切權利。

失去新荷蘭殖民地，對荷蘭來說無疑是一個沉重的打擊。但彌補這一損失的機會也隨之而來 —— 在南美的蓋亞那地區，荷蘭可以開闢大規模的甘蔗種植場，生產蔗糖。雖然在北美的覆滅令人唏噓，但荷蘭人把握住了新的機遇，在南美大有作為，終能重拾昔日的殖民帝國雄風。

新教歷史敘事的反思

美洲的征服者

美洲的征服者

　　瑞典人、荷蘭人、德國人以及其他歐洲移民都曾經遠涉重洋，踏上征服美洲的道路。他們不是單純的求財，而是懷著各種不同的目的和理念。有人是為了尋找新的家園，發展事業；有人是出於對祖國的失望，想要開創一個嶄新的未來；有人則是為了財富和利益而來。無論動機如何，他們最終都在美洲大陸留下了自己的痕跡，改變了原有的格局。

　　我們不能簡單地認為這些移民只是為了錢財而來。很多人都懷有更深遠的理想和抱負。比如說，英國的溫斯羅普及其追隨者，就是出於對祖國的失望而遠渡重洋，試圖在麻薩諸塞灣建立一個整潔的新英格蘭。他們想要擺脫斯圖亞特王朝的統治，實現自己的理想。即使是擁有物質追求的人，也往往會掩飾自己的動機，宣稱自己是出於宗教或理想主義的目的。

　　美洲大陸對於這些移民而言，是一片充滿無限可能的未開拓領域。正如歷史學家所說，這片大陸就像是一個真空，呼喚著各方勢力前來填補。不同背景的人都抱著自己的目標和夢想，爭相搶占這片土地，搶灘登陸。有人就像託尼那樣，只是單純地認為」美洲是個好地方，我可以在這裡發財」，而不去深究其中的緣由。其他人則有更為複雜和宏大的理想，想在新世界締造自己的事業和家園。

　　無論他們的動機如何，這些移民最終都在美洲留下了自己的印記。他們開拓了大陸，建立了殖民地，改變了原有的格局。美洲從此成為了他們的新戰場，成為了實現各種目標和夢

想的熔爐。這段波瀾壯闊的歷史,才是真正值得我們去探討和理解的。

北歐殖民夢:瑞典的興起與新瑞典的終結

這個世界上有一種奇怪的觀念,生活在北方的人都是非常冷靜、鎮定且沉著的。的確,他們中的多數人都善於思考,且並不貪口腹之慾,而是偏愛自己的飲食。在荷蘭,合法與非法的公司比比皆是;丹麥則可以驕傲地說出5家東印度公司,它們曾有過輝煌歷史,但最終都慘遭破產。而俄國人雖然缺乏良好的港口,卻仍極力渴望參與這場掠奪的狂潮,向東推進,拓展殖民事業,最終從後門進入美洲,奪取了阿拉斯加。連奧地利和布蘭登堡這些對航海一竅不通的國家也高舉國旗,投身殖民活動。

然而在這些小規模的殖民活動中,最突出的要數瑞典人。長期以來,鄰居丹麥人一直竭盡全力將他們封鎖在波羅的海中,赫爾辛基城堡更是令人討厭的堡壘。但在17世紀上半葉,瑞典人卻爆發出了一種非常奇特的力量,使其成為北歐重要強國。巴內爾、烏克森謝納和斯圖雷的鐵騎,打擊了反宗教改革運動,拯救了歐洲大陸。瓦薩家族的軍事才能阻止了半開化的斯拉夫鄰居的野心。然而,儘管在打敗德皇和俄沙之後占領大片疆土,但瑞典人口卻遭受重大損失,只有現在一半。

於是大批瑞典農民開始向西遷徙,尋覓新家園。他們有望在美洲建立自己的殖民地,但卻來遲了,已經沒有可供開拓的

領土。瑞典在賓夕法尼亞和德拉瓦的居地被荷蘭人兼併，9 年後康乃狄克和沃爾基爾河之間的所有領土也被英國人占領，新瑞典就此結束。即便有美好願景、精緻特許和美妙計劃，但要建成繁榮的殖民地並非易事。金錢固然重要，但要有某個階層的人志願離鄉背井，才能使殖民事業順利發展，而這正是當時的英國所具備的條件。

重塑自由殖民地的理想

　　1435 年之後，美洲大陸對於遠涉重洋的歐洲人來說已經不再是一片未知。不管是乘坐快船、還是各式輪船，前往美洲的交通工具日益豐富。即使有些探險者選擇冒險乘坐小艇越洋返回老家，也可以看到他們堅毅無畏的精神。

　　這種自由探索的熱情，正如同公誼會教徒喬治・福克斯一生所追求的精神自由。雖然他身陷牢獄，卻仍能自由自在地與他人交流討論人類靈魂的問題。而阿西西的法蘭西斯和德雷頓的喬治，雖然行事狂妄自大，但卻激發出推動人類進步的巨大力量，遠勝於大多數有名望的聖徒和牧師。

　　相比之下，被公誼會教友喬治嘲諷為「尖頂屋」的教堂，神職人員們滿臉不快，彷彿與普通百姓疏離。而天主教殖民地馬裡蘭則展現出宗教寬容的氣度，與殖民地建立者喬治・卡爾弗特的高尚品格密不可分。

正如威廉·佩恩及其追隨者所追求的，這種真正的自由精神與個人解放，應成為美洲大陸的主流思潮。然而，佩恩的理想在美國僅存在了短短 50 年，但在此期間，公誼會教徒們點亮了宗教正義的火炬，照亮了每一個隱祕的角落。他們並未吹噓自己的神聖，而是以包容和慈悲的態度，追求建立一個真正自由平等的新世界。這正是值得我們今日追尋的崇高理想。

公誼會教徒的堅韌與抗爭：威廉·佩恩的信仰之路

這就是公誼會教徒們頗為引人注目的經歷。他們身處一個非常險惡的環境，被一個卑鄙的地方行政長官任意擺布了將近半個多世紀。在這段歲月裡，有的人被絞死，有的被肢解成屍塊，有的被鞭笞而亡。他們所犯的唯一罪行，就是堅持自己的信仰主張，而這被視為對英國聖公會主教和清教牧師的野心構成威脅。

作為一群善良正直的信徒，他們對自己所遭受的苦難抱持著某種優越感，認為自己才是上帝特選的子民。即使處境艱難，他們也從未放棄對耶穌虔誠信仰的堅持，這不禁令人驚異又引發興趣。倘若碰上了有權勢的保護者，他們也免不了被悄然拉下鞭刑架，送上絞刑臺。這種命運的反覆延續了近 60 年。

公誼會教徒們並不崇信英國的國教，也不屬於其他任何教派，他們習慣獨自舉行禮拜活動。這些禮拜活動充滿了平和安寧，他們不主張體罰，堅決反對暴力，也遠離一切政治生活。地方長官當然深知這一點，卻常以此作為從中謀利的把柄。當

生意不佳時，只需帶一名公誼會教徒上法庭，由於其拒絕在法官面前脫帽致敬，就可以被罰款數鎊。而既然這些奇特的人又不信任律師，也就不會有被控告錯人的風險。

然而，這群富有熱情的改革者，卻多出身於富裕家庭，這是一件很奇怪的事情。他們生活在安逸舒適的環境中，卻因偶然的機會接觸到了嚴酷的現實，進而震驚詫異，決心終生為改變現實而奮鬥。聖法蘭西斯、喬治·福克斯，乃至後來的年輕貴族威廉·佩恩，都是這樣的典型代表。

在這樣一個晴朗的日子，科克鎮的衛兵隊決定對公誼會教徒進行一次小規模的查抄和搜捕，並將他們全部關進附近的禮拜堂。當地方法官在這群被關押者中發現有一位出身高貴的人物時，不禁顯得十分愧疚和慌張。他連忙致歉，聲稱這只是一場誤會。然而，年輕的威廉·佩恩並未因此回家，反而加入了公誼會的運動，站在被壓迫者一邊，宣揚新的教義，吸收更多信徒。

經歷了重重磨難，公誼會教徒最終贏得了法律地位的肯定，威廉·佩恩也憑藉自己的毅力和勇氣，成為這場宗教鬥爭中著名的中心人物。他的抗爭為英美的司法判

新大陸上的公誼會與改革

瑪麗·菲斯克從牢獄中獲釋後，來到土耳其蘇丹面前，她對此並不感到意外。蘇丹允許她在境內自由活動，並派遣護衛

保護她的安全。而摩爾人和莫斯科人對她也表現出出人意料的善意。這些難以管束的公誼會教徒拜訪他們，鼓吹停止爭鬥、不再偷竊鄰居的財物，讓這個世界變得更美好。他們說這句話時非常嚴肅，並邀請陌生人留下共進晚餐。

然而在美洲，公誼會教徒卻遭到完全不同的待遇。許多人被送上絞刑架，其他人到處遭受毆打。女性使徒們則總是任人擺布，新英格蘭的牧師將涉及年輕女子的事件炒作成政治迫害，致使其他教派幾乎全部避開了美洲。只有公誼會教徒才會對抗命運的這種極端行為有著特殊的情感共鳴。他們熱衷於為土著謀福祉，希望向世人證明除了槍炮和洋酒，還有更好的方法解決原住民問題。

1670年，他們找到了機會。威廉‧佩恩的父親去世了，留下8萬美元的債務給斯圖亞特王朝。作為一個講究信譽的借款，斯圖亞特王朝卻在還款期限將到時突然顯得捉襟見肘。最終，他們以劃給佩恩大片土地的方式來抵債，並將其命名為賓夕法尼亞。1682年12月1日，佩恩乘船前往這片新領地，這是獨立前最引人注目的殖民活動之一。

這片新殖民地並非由董事會經營，而是由佩恩本人主導。他稱之為」各民族自由拓殖之地」，並堅持認為土著也是人。這讓其他殖民者認為他是個具有危險思想的空想家。他們要嗎將印第安人視為可憐的被愚弄者，要麼視為惡魔的化身，準備拿起武器對抗。

相比之下，公誼會教徒遵循長老的「法規」，與印第安人和睦相處，不欺騙也不攜帶武器。其他殖民者認為他們是在與魔鬼勾結。1696 年，公誼會宣布奴隸制違背了《新約全書》，這在維吉尼亞和麻薩諸塞引起了轟動。

雖然公誼會的福音化努力最終注定失敗，但在最初幾年，喬治·福克斯、法蘭西斯和佩恩等人取得了巨大成就，人們曾經自信地認為貧困即將結束，人性中的猜疑、仇恨和嫉妒也將煙消雲散。然而，殖民地的現實最終還是粉碎了這樣的美好期望。

威廉·佩恩與公誼會

然而在最初的激情消退之後，當人們開始普遍意識到他們並不是真正的上帝，也沒有什麼方法能夠讓人們立即擺脫貧困和瘟疫的時候，人們就開始叫囂了，罵他們是不要臉的騙子、偽君子，應該把他們送上絞刑架。可憐的佩恩花光了他在那塊殖民地上所有的財產，他為了追隨者們的幸福，不時地會進監獄坐牢，但是最後卻落得一個非常悲慘的下場。他的孩子有的死了，有的終日酗酒，甚至有一個還成了費城聲名狼藉的傢夥。他的好朋友們也欺騙他，他的私人祕書則妄圖敲詐他 6 萬美元，在遭到拒絕之後，那個人就千方百計地說他賴帳，要把他送進監牢。

佩恩儘管歷經重重挫折，仍然追求真理和理想，但終難逃

愚昧與被背棄的命運。公誼會的信仰在逐漸衰落，其開放、寬容的道德在動盪時代顯得格外珍貴。殖民地紛爭不斷、煩惱不斷，卻未能撼動公誼會人民堅毅的心志。他們依舊秉持自由平等的信仰，在虛偽世界中顯現真誠善良的品格。

或許偉大的理想需要時間醞釀，雖然遭受挫折，但其所蘊含的智慧和價值將永遠存在，激勵後人為之奮鬥。公誼會最終走向衰落，但其精神卻悄然滲入四方，成為推動社會進步的力量。正如大自然的洪流來去無窮，卻永遠留下豐碩的收穫，佩恩及其追隨者的精神也必將在歷史長河中永續綿延。

英國殖民地的多元化發展

英國在美洲的殖民活動相當多樣化，其背後的動力與目的也不盡相同。只有清教徒的殖民活動是出於清楚明確的宗教目標，而其他殖民地的建立則各有不同的起因。有些殖民地是由私人公司主導的投資建設，有些則是由一群逃避宗教迫害的人所建立。還有一些殖民地是出於慈善目的，用以收容被祖國拋棄的人。甚至還有一些殖民地是從其他國家兼併而來，或是某位天主教士的私人財產。

殖民地的多樣性也展現在其治理模式上。有些殖民地實行相對寬容的宗教政策，但也遭到鄰近新教徒的反對。有的殖民地則是國王用來抵債的，帶有典型的斯圖亞特王朝的特色。即

便如此，在這樣一個歷史時期，許多人仍心懷抱負，尋求在殖民地大展拳腳。唯獨偶有少數人像亨利九世那樣毫無建樹，讓人感到意外。

總之，英國殖民地的建立過程五花八門，既有理想主義和宗教目標，也有商業投機和權力交易的動機。這種多樣性使得英國在美洲建立起一個錯綜複雜的殖民帝國，為日後的發展奠定了基礎。

17世紀法國的輝煌與遺憾

法國在17世紀曾經是歐洲最強大的國家之一，探險家們在北美大陸上取得了驚人的成就。他們徒步、騎馬、乘船、劃獨木舟，穿越加拿大內陸，似乎毫不畏懼生命的威脅。這些探險活動的記錄，在今天看來就像是《三劍客》中那些令人崇敬、難忘的章節。然而，最終他們卻一無所獲，而他們的鄰居英國人，卻憑藉掌控交通要道的優勢，建立起了最偉大的現代國家。

從法國人的角度來看，這一切都是非常令人痛心的，但又是難以避免的。17世紀時，法國已經變成了一個高度中央集權的君主制國家，封建貴族的統治地位已經消失。而在英國，貴族仍然是地方公認的統治者，他們有自己的辦法，不需要長期在倫敦侍候國王。相比之下，法國的貴族更願意在國王周圍生活，以此得到榮譽和利益。

法國人對於其他民族的風俗習慣和倫理道德一無所知,總認為別人是非常可笑、野蠻的。相比之下,英國國王需要小心翼翼地與鄉紳們合作,而法國君主則可以隨意統治,甚至聽命於某位女士和大臣的意願。這種差異使得法國在探險和殖民事業上,最終宣告失敗。

儘管面臨失敗,但法國探險家們的勇氣和冒險精神仍值得我們敬佩。他們的故事彰顯了國家和個人在追求夢想時所面臨的挑戰,也昭示了國力在歷史發展中的重要性。這些寶貴的經驗,對我們今天仍有重要的啟示意義。

法國殖民地的矛盾與困境

法國殖民地的發展一直頗具挑戰,不僅是因為當地居民的貧困,也源於殖民政策與宗教力量之間的複雜矛盾。表面上看,法國殖民地的農民生活貧困,但實際上他們並未陷入如歷史學家所描述的絕境。相反,普通法國鄉下人並不願意離開自己的村莊,他們的生活情況並不像我們想像的那麼糟糕。

法國政府試圖從殖民地獲取財富,但卻常常無法真正控制局勢。一方面,殖民官吏只要能獲取豐厚利潤就對其他問題不太關心;另一方面,天主教會的傳教士們卻時刻關注印地安人的困境,試圖保護他們免受剝削。雙方的利益衝突使得殖民地事務陷入膠著,真正的發展停滯不前。

更糟的是，為了維護自身利益，殖民當局和教會甚至不惜激起印地安人的反抗。在對抗易洛魁人的過程中，法國殖民者不得不採取殘酷的手段，進一步惡化了與土著人的關係。

這種複雜的權力博弈最終導致了法國殖民事業難以為繼。殖民地的發展遠遠落後於鄰居荷蘭和英國，這其中不僅有地理和人口等客觀因素，更多源於殖民政策與宗教力量之間的矛盾對抗。這一歷史經歷顯示，建立一個穩定、富裕的殖民地並非易事，需要協調各方利益，尋求長遠的發展模式。

新法蘭西錯失的機遇與潛藏內幕

17世紀查理二世統治時期的某個時期，法國有一次占領整個大西洋沿岸地區的大好時機。當時正值英法戰爭爆發，法國在蒙特婁駐紮了一支精銳部隊，而英國實際上沒有多少軍力。然而就在這關鍵時刻，由於國王的愚昧決策，根據不滿教士的要求將加拿大總督召回，導致了這次輕易的侵略計劃失敗。

表面上看，新法蘭西帝國領土遼闊，控制範圍從北極至墨西哥灣，邊境盡是重重牆板鑲嵌。但實際上，這片土地卻是貧瘠的荒原，受制於過時的法律法規，禁止當地居民自願開發利用資源，只能聽命於婦人意見或國王喜好。

17世紀後半葉，法國又有一次拯救美洲大好河山的機會。1685年，路易十四廢除了賦予新教徒政治權利的《南特敕令》，

導致胡格諾派教徒遭受殘酷迫害。他們紛紛請求遷徙到海外，但被粗暴拒絕，最終有五萬多戶胡格諾家庭湧入英荷等國，帶走了他們勤勉、才能和信心。這些原本可以在美洲捍衛法國文化的人，如今反而成了法國殖民地未來獨立的生力軍。

命運的「突然性」往往掩蓋了內在的發展趨勢。表面上看起來事出突然的興衰變遷，實際上都是長期悄悄醞釀的結果。縱觀歷史，很多看似「突然」出現的國家崛起、家庭暴富或普通人大放異彩，都是源於長期謀劃與默默耕耘。新法蘭西帝國的興衰更是如此，其中蘊藏著一段段鮮為人知的內幕故事。

新世界的呼喚

當你站在舊大陸的岸邊，望著遙遙在望的新大陸，內心不免會升起一股激動與探索的渴望。這片廣闊無邊的土地，彷彿在向世界各地的人們發出邀請，邀請他們來尋找新的機遇和自由。

他們來自不同的階層和背景，但都懷著對未來的憧憬和期待。有的是逃避貧困和苦役的契約奴，有的則是尋求宗教信仰自由的教徒，還有一些是追求富裕和土地的小資本家。不論是什麼原因，他們都相信在這片土地上，他們可以重塑自己的命運，擁抱更加光明的未來。

雖然他們剛到這裡時，生活並不比之前更舒適，但只要勤

奮努力,就能在新大陸上找到嶄新的機遇。這裡不再有貴族和官吏的枷鎖,每個人都可以成為自己命運的主人。在這片廣闊的土地上,他們可以伸展雙臂,自由地探索這片令人嚮往的未知領域。

不管是在密林深處、廣闊草原上,還是沿著湛藍的海岸線,新移民都能找到屬於自己的一片天地。沿岸的人們雖然彼此競爭,但逐漸也意識到,只有團結一致,才能在這片陌生卻充滿希望的新大陸上謀求生存和發展。

這片新大陸,正是當時世界各地人們夢寐以求的自由與機遇之地。那些願意冒險來到這裡開拓新天地的移民,必將成為這片土地上最強大的力量。

一場偉大的競賽，
國王、帝國和土地的征服

一場偉大的競賽，國王、帝國和土地的征服

我們曾經聽聞一個古老的故事，講述一位身懷絕技的魚類學教授。有一天，當他正在課堂上向學生們講授珍稀的鱘魚時，一條活鱘魚突然游進了教室。教授不知所措，只好求助學生們幫忙把它趕出去，好讓他繼續上課。

這則故事讓人不禁聯想到歐洲學者們的處境。他們努力鑽研數據，試圖解釋歷史上一些不太清楚的事件，但卻忽視了一個顯而易見的事實，在大西洋彼岸，正在發生著與歐洲歷史截然不同的社會變革。

美洲大陸正孕育著令人興奮的新事物。在那裡，移民們仍在不停遷徙，印地安人爭取人權的運動持續不斷。而在歐洲，封建制度早已被掃除，王朝之間的爭鬥也已成為過去。

但這些爭鬥並沒有真正消失，而是以不同的形式在美洲延續。帝國之間的土地競爭越演越烈，金融集團為爭奪資源利益而進行著新的角力。雖然戰鬥方式已從馬背換成了摩天大樓，但本質卻沒有改變，仍是為了獲取更多的權力和控制。

人們可能已經對那些古老的王朝鬥爭感到厭倦，但卻熱衷於重新定義所謂的「合法繼承權」。普通百姓也仍然像前人一樣，為維護某個王朝的權利而奮鬥。歐洲王朝實際上是一個封閉的統治集團，他們世代通婚，但卻為確定誰才是「合法」繼承人而爭得不可開交。

美洲大陸無疑成為了一個絕佳的實驗場，讓我們看清這一切歷史循環的本質。它揭示了人性的本質並未改變，只是表現

形式不同而已。這場國王、帝國和土地的競爭，至今仍在上演著一場又一場精彩的歷史大戲。

18 世紀的殖民角力與大陸爭霸

在 18 世紀的這些殖民抗鬥中，參戰國之間的交鋒就像一場大規模的國際橋牌比賽。各國都動用盡心機和手段去擴張勢力範圍，在戰爭結束後又會相互計算得失，爭論不休。非洲、亞洲和美洲的殖民者，雖然對這些糾紛毫無興趣，但仍被迫捲入其中，被要求發表意見，就像統治歐洲主要城市的列強一樣，他們自己對此也毫不知情。

我們的祖先曾在這些爭端中進行過冒險活動，後來因投資無效而拋棄或轉讓手中的美洲土地，這些土地如今已有了響亮的名號，如」加拿大自治領」、「美利堅合眾國」。英法之間一系列的戰爭，最終導致英國在北美占據優勢地位，法國在此地勢力被徹底摧毀。為了方便敘述和確保歷史準確性，教科書中將這些戰爭命名為「威廉國王之戰」、「安妮女王之戰」、「喬治國王之戰」、「法國－印度之戰」，詳細描述了這些著名的歷史戰役，並以「道義上的勝利」措辭其結果。

當歐洲政治家們忙於根據外交協議和盟約來劃分版圖的同時，另一股力量正在興起，那就是湧入大陸的大量歐洲移民。他們大多出身平凡，除了《舊約全書》外鮮少閱讀其他書籍，

但卻有著強烈的土地需求。他們定居在賓夕法尼亞和麻薩諸塞的荒野之地，過著簡單的生活，卻正悄悄地改變著這片大陸的命運。

從新法蘭西到工業革命，北美殖民地的爭奪與現代史的開端

當倫敦的官員聽說有上百萬羅德島人向西遷徙的時候，他們大為驚慌，高聲喊道：「天哪，這些人不能去那裡啊！那一部分美洲的土地是屬於法國的。」正在往牛車上裝東西的人們回應說：「我們怎麼不能去！」但他們還是上路了。不錯，他們有時會遇上麻煩。因為法軍的小分隊想把他們趕回去，或者當場把他們殺死。那些法國的堡壘，看上去是堅不可摧的，它們守衛著從聖勞倫斯灣到莫比爾灣的邊界線。那些堡壘相去甚遠，所以移民們可以穿越守軍中間的空檔，從而進入西部富庶的森林和田野。

這樣的事情已經在大西洋沿岸小規模地發生過了。當荷蘭人想占有超出他們力所能及的領土時，新英格蘭過剩的人口立即就搶占了康乃狄克谷地，英國的農民在荷蘭人的堡壘旁邊種上了莊稼。什麼事情也沒有發生，因為他們相互之間都有需求，不能被對祖國的那種虛假的忠誠所左右。

18世紀時，法國人已經開始意識到：違反自然法則是行不

通的。巴黎政府最終明白了美洲屬地的重要性。它向魁北克、蒙特婁、紐奧良、溫森斯堡和底特律堡派遣了大量的軍隊。這些軍隊的任務不僅僅是駐防，還要和英國人進行戰鬥。但是在那些正在全力尋求無人耕種的西部土地的一無所有的東部群眾面前，他們的英勇和作戰能力卻一點兒也施展不出來。1759年，英國人最終交了好運，他們一舉征服魁北克城，徹底砸碎了法國用來保衛大湖地區和密西西比谷地的堡壘群。

作者認為，相比於土耳其人占領君士坦丁堡等事件，1769年1月5日詹姆斯·瓦特獲得蒸汽機專利證才是真正代表著現代史的開端。這代表著人類社會科技的突破性發展，預示著即將到來的工業革命時代。

悲劇的「效率專家」

在大英帝國的歷史上，曾有一位名叫喬治·格倫維爾的官員，他被稱為「效率專家」，但最終卻導致了悲劇性的後果。

格倫維爾是一個聰明能幹、盡責敬業的大臣，他凡事講究條理和效率，希望能為大英帝國帶來最大的利益。然而，他的行為卻從根本上觸碰了美洲殖民地人民的自由和權利。

在英國的統治下，美洲殖民地人民原本就飽受壓迫和剝削。他們不得不遵守許多苛刻的法令和限制，比如必須透過英國的中間人出售他們的商品，並且購買英國生產的物品。雖然

在此前的邊境衝突期間，這些規定並未嚴格執行，但隨著和平的恢復，格倫維爾受命大幅增加對殖民者的徵稅，以償還英國的龐大債務。

這對格倫維爾來說，無疑是個合理的舉措。在他看來，殖民者都是英國移民過來的孩子，理應回饋祖國。但殖民地人民並不認同這種觀點。他們之所以遠渡重洋，正是為了擺脫英國政府的壓制，獲得自由和安康。如今英國卻再次重重壓制了他們，這無疑觸發了他們的怒火。

當格倫維爾以愛國者的姿態推行這些政策時，殖民地的人民已經不再容忍了。他們憤然站起，為格倫維爾的演說歡呼喝采。這位大臣想必也深感困惑，他只是在盡自己的職責，卻為什麼會引發如此劇烈的反彈？

這場悲劇其實蘊含了一個深刻的教訓：效率和條理並非就是正確的，它們必須建立在充分尊重人民權利和自由的基礎之上。格倫維爾雖然盡心盡責，卻最終觸發了美洲殖民地的獨立戰爭，導致了大英帝國在全球範圍內的衰落。這是一個值得警醒的歷史教訓，告訴我們，在追求效率時必須保持謙遜和仁慈的心。

經濟困境與反抗：新英格蘭殖民地的走私與抗稅運動

殖民地時期的美洲，新英格蘭人面臨著艱難的經濟困境。英國政府強制實施已失效的「航海法」，利用海軍法庭打擊走私活動，使得原本由走私者組成的陪審團失去了主導權。此外，

政府還禁止最近獲得的西部地區移民,並對生活必需品如糖、茶葉等徵收高額間接稅,以及要求所有官方檔案貼用昂貴的印花稅。這些措施引發了殖民地居民的強烈不滿,他們提出「沒有代表就不納稅」的口號,認為這是對自由的剝奪。

然而,對殖民地來說,生活所需品大多需要從外地進口,比如蘭姆酒的原料蔗糖和糖蜜。政府規定殖民地只能從宗主國購買這些商品,但價格遠高於從鄰近的西印度群島買入。作為忠誠的臣民,新英格蘭人自然不願意承擔高昂的成本,於是紛紛選擇透過走私管道取得所需物資。雖然英國政府明確反對這種做法,但這並未真正阻止住殖民地居民的腳步。

在經濟利益和愛國信念的雙重驅動下,殖民地居民大規模參與走私活動,不斷挑戰宗主國的管控。面對殖民地人民的頑強抵制,英國政府內部也陷入了長期的討論和辯論。這段歷史反映了殖民地與母國之間的矛盾,揭示了經濟利益如何驅動人們的行為,以及民族自治意識的不斷萌芽。

茶葉革命與殖民地自治

另一個奇怪的事實是,人們追根溯源,發現古代巴比倫人在政府不干預他們的吃喝玩樂時,就會胡作非為。我有時甚至會認為:由於酒而引起的流血衝突是否不比由神學引起的流血衝突多。我的這種看法已經提出過很多次了。英國政府與特定

反對集團的爭鬥中，總有持有不同見解的人與國王保持相同立場，在敵人遭難時幸災樂禍。但是當議會決定對酒、茶和咖啡徵稅時，它就會陷入危險境地，因為牽涉到公誼會教徒、浸禮會執事以及不可知論者的利益。其實稅收很輕，每磅只收三個便士，但這件事令人非常不快，因為老百姓挑選自己喜愛的飲料時，就會想到自己正在支持一條不正當的法律。最後，這小小的茶杯引發了一場颶風，淹沒了一切。起因只不過是為了20萬英鎊的財政收入，但誰能預料到最終會是這樣的結果呢？

美洲殖民者勇敢地決定抵制茶葉，但他們已經養成了喝茶的習慣，而且必須喝茶。於是有人開始走私茶葉。憤怒的英國商人認為這件事將會是非常危險的。議會決定必須採取行動，將大量英國東印度公司生產的茶葉運送到美洲，以較荷蘭茶葉更便宜的價格出售。這引發了大規模的抗議和暴力活動。在波士頓，一群年輕人扮演野蠻的印第安人，登上英屬印度的船艙，將茶葉全部扔進了海裡。

宗主國的政府難以容忍這種局面。如何在遙遠的殖民地強制執行法律呢？美洲有很多法院，但陪審團通常由與被告關係密切的人組成，通常會裁定被告無罪。即使是國王的法律代理人已經收集到了很有說服力的證據，被告一律都會被無罪釋放。這場茶葉革命最終引發了英美之間的矛盾加劇，並逼著殖民地走向自治之路。

從苛政到反抗，新大陸殖民者的抗爭

　　正如前言說，這段歷史是一個動盪與戰爭的時期。經過長年的艱苦奮鬥，那些移民和殖民者終於在新大陸上站穩了腳跟，但他們卻發現自己仍然被英國施加的種種苛刻政策所束縛。面對貧窮、剝削、疾病和戰亂的折磨，他們難免會對曾經的宗主國感到怨恨和憤怒。

　　即使英國政府認為殖民者仍然是英國人，但對他們來說，那些過去的創痛和遭遇是難以磨滅的。對於在荒野中掙扎求存的普通農民而言，英國遙遠的統治已經失去了任何意義和正當性。他們眼中只有眼前的艱難生活，以及那些持續壓迫他們的苛刻政策。

　　此時，和平已經成為不可能，衝突與戰爭似乎是無法避免的。英國政府的錯誤判斷加劇了矛盾，政治與思想的根本對抗導致了戰火重燃。即使是親朋好友，也難以避免陷入戰爭的漩渦。這不僅是一場利益之爭，更是一場理念之爭。

　　在這樣一個艱難的環境中，邊遠地區的樸素民眾依然保持著他們的智慧和韌性。他們在荊棘密布的荒野中艱難求生，面對一次又一次的磨難，卻仍然堅持著自己的信念。這份堅韌的精神，恐怕才是未來獨立戰爭中最寶貴的力量。

一場偉大的競賽，國王、帝國和土地的征服

▎重獲自由的喜悅

在獨立的道路上，殖民者們終於擺脫了以往的枷鎖，獲得了應有的自由與尊嚴。從最初的積蓄和婚娶，到逐步建立起自己的家園，他們一步步建立起自己的小天地。有了自己的房屋、鄰居，不再需要向任何人低聲下氣。他們能夠自由地工作、生活，不再受制於人。

然而，一封官方檔案的到來，卻打破了這份喜悅。原來，國王陛下根據議會的法令，下令殖民者必須遵守。這無疑喚起了他們對過去壓迫的回憶，讓他們重新意識到當局就是「壓迫」的同義詞。於是，他們唯一能滿足願望的就是公開反抗。

在沿海城市，商人和傳教士的控制還比較容易，但到了內陸地區，情況就大不相同了。在那裡，匯票容易丟失，傳教士也會經常被請回去。農民們成為了自己王國的主人，其他人也紛紛效仿。

英國人在議會上對此議論紛紛，無疑是在告知國王，這些人已不再承認他的至高無上權威。但想要抓住這些頑強分子並達到殺一儆百的目的，並非易事。反叛者們洞悉這一點，會充分利用各種機會展開活動。

如今，殖民者們重獲自由，雖然面臨著新的挑戰，但憑藉自己的雙手勞動，他們必將建立起更加美好的新未來。

荒原無名英雄，堅韌與希望的生命頌歌

在這片荒涼的土地上，有一群平凡普通的人們，他們每天勞作，過著簡單樸實的生活。雖然他們沒有受過多的學識教育，也未曾留下什麼著作，但他們卻總能用最直白的言語，訴說出自己的想法和心聲。

這些人對政府的事並不感興趣，他們只關心自己的生活所需。他們懂得什麼樣的人最適合在這片開闊的土地上建立屬於自己的小天地。生活圈子狹小，卻造就了彼此之間堅固的連繫。他們隨身攜帶著武器，崇尚勇氣和力量，因為這片荒原給了他們一次前所未有的機會，他們絕不會放棄。

這些人並非自視為上帝的選民，相反，他們清楚地意識到自己的缺點和罪愆。多年的艱苦生活讓他們養成了酗酒、易怒的壞習慣，但他們並不要求別人欣賞自己，只希望自己不被打擾。然而，當外界無法滿足他們這點小小的要求時，他們就會毫不猶豫地拔出槍支，迎接挑釁者的到來。

在長期與大自然的搏鬥中，這些人磨練出了堅韌的意志。他們學會了忍耐，知道在遇到這種情況時，最好是讓對方先採取行動。

這些無名英雄們，雖然生活簡單，但內心卻蘊含著強大的生命力。在黯淡的環境中，他們努力尋找屬於自己的光明，用

手汗和淚水，在荒原上播下希望的種子。他們或許不為人知，但在這片土地上，他們正以自己的方式，譜寫一曲生命的奇蹟。

革命中的理性與激情

革命中的理性與激情

　　在 1775 年的美國殖民地，英國政府如果能夠更深入地了解當地的形勢，或許就能減輕自己的麻煩。它本可利用殖民地商人和農民之間的矛盾，贏得雙方的支持，從而確保自己的盟友。不幸的是，英國官員犯下了大錯誤，反而使沿海和內陸地區的人民在反抗英國統治的過程中產生了短暫的團結。

　　正如前面所言，這場革命並未像法國或俄國那樣爆發大規模的暴力與血腥。相反，革命的領導者大多是受過良好教育的人，在戰鬥中互相尊重，即使輸掉戰役也能以禮待人。這或許是因為在 18 世紀，軍人還是一種紳士的職業，有著一定的規則。獲勝者要友善對待失敗的一方，以備下次自己失利時能得到同樣的禮遇。

　　不過，前文也指出，英國派到殖民地的一些總督及其下屬確實十分令人憎惡。他們傲慢無禮，經常羞辱當地人民，這無疑激起了美洲人的反抗情緒。美洲人並非因為英國過去的所作所為而起義，而是出於對英國未來可能採取行動的擔憂。革命領袖明白這一點，暫時放寬了對民眾的控制，但仍需嚴格管束，以確保革命順利進行。

　　在這場革命中，約翰・亞當斯和塞繆爾・亞當斯雖然有所不同，但都是愛國者的代表人物，為爭取獨立而奮鬥不懈。革命的成功，正是源於理性與激情的完美結合。

　　號召團結：殖民軍司令官的憂慮與呼籲

　　在這個動盪時刻，我們殖民軍的司令官不得不承擔起沉重

的責任。他接到了一份令人不安的報告,透露了許多壞消息。

自從上次大陸會議透過了「權利宣言」,各地組織起「警戒會」協調反抗行動後,我們殖民地人民的勇氣和決心就顯而易見了。即使一些官員看到這些檔案感到不安,認為這是在煽動叛亂,也無法遏制日益高漲的民意。人們開始集體抵制英國的商品,與那些仍在銷售英貨的商人絕交。這種「聯合抵制」的做法,正如愛爾蘭的博伊科特上尉所遭遇的那樣,能夠有效地迫使對方就範。

但令司令官擔心的是,民眾的反應卻遠不如官員們的反應那樣激烈。雖然我們在會議上通過了堅決的決議,宣布絕不會再輸入或輸出英國商品,但普通百姓對這些正式檔案卻興趣缺缺。他們更關心日常生活,很少花心思研究這些檔案。這無疑給我們將來的行動蒙上了一層陰影。

面對即將到來的衝突,作為殖民軍司令,我必須鼓舞士兵們的士氣,動員每一個有愛國之心的人。我們必須讓更多普通百姓了解形勢的嚴峻,讓他們為爭取自由願意付出犧牲。只有全體殖民者團結一致,我們才能在這場不可避免的戰爭中取得勝利。

抗爭的烽火

在殖民地爆發動盪之際,我們不得不遺憾地說,這股暴力抗爭為各地帶來了巨大災難。許多忠於祖國的商人,只是想

依靠自己的方式經商，卻遭到了殘暴對待。他們的店鋪遭到闖入，貨物被任意毀壞，甚至遭到柏油塗滿全身並黏上羽毛，被一群愛國者和無賴驅趕出家鄉。

回到英國本土，那裡也瀰漫著暴風雨欲來的氛圍。商人和工廠主聲嘶力竭地要求政府立即採取措施，鎮壓那些反叛的殖民者。報紙上充斥著宗主國人民對殖民地反對情緒的報導，這些訊息傳到美洲後，更加驚醒了波士頓、費城和諾福克的反對派領袖們。他們預料到，宗主國政府肯定會採取報復政策，派遣軍隊到麻薩諸塞封鎖整個美洲海岸。

在這種局勢下，反抗者們必須做好充分準備。活躍於各地的革命人士「通訊委員會」開始大量購買火藥，清點可用的火器，並尋找合適的地點埋藏武器彈藥，生怕被英國軍官發現。據說，這些軍官常常偽裝打扮巡視各地，這樣的傳聞是引發動亂的根源。

雖然一切都還只是傳聞，但卻確實存在事實。波士頓駐軍的蓋奇中將率領情報部門積極活動，掌握了反對派領袖亞當斯和漢考克的行蹤，以及萊辛頓村暗藏武器的情報。他決定派軍隊去抓捕這些愛國者，並搜尋他們藏匿的武器。然而在這個動盪時期，密探暗中監視，實在難以保守祕密。在史密斯上校北上的前12個小時，三名美洲青年已迅速趕到萊辛頓，向當地人送去情報，引導亞當斯和漢考克逃跑。暴風雨一觸即發，戰火隨時可能爆發。

萊辛頓槍聲響起，拉開美國獨立戰爭序幕

1775 年 4 月 19 日，在一個普通的清晨，一支英國軍隊途經麻薩諸塞州的萊辛頓時，與當地的民兵發生了衝突。第一枝槍響，引燃了美國獨立戰爭的導火線。

這支英國軍隊本來是奉命前往萊辛頓，搜查和削弱當地的武器儲備。但在萊辛頓，他們遭到了堅毅而憤怒的農民的阻擋。究竟是誰先開了第一槍，至今仍是個謎。槍聲此起彼伏，打破了綠色田野的寧靜，八名美國人倒在了血泊之中。

這場小規模的衝突，卻掀起了一場轟轟烈烈的戰爭。當英軍抵達萊辛頓，順利完成任務後，在返回波士頓的路上卻遭到了不斷的伏擊和重創。最終，他們損失了 273 人，約占全隊人數的三分之一。

這場小小的交火，如野火般迅速蔓延開來。「通訊委員會」的信使們馬不停蹄地到處傳播勝利的訊息，激發了西部和南部地區的人們。他們紛紛組成先鋒隊，向麻薩諸塞州出發，為萊辛頓的遇難者報仇。

英國軍事指揮官蓋奇此刻發現自己已經與外界失去了連繫。他試圖奪回邦克山的策略制高點，卻遭到了慘敗。局勢日益嚴峻。1775 年 5 月，第二屆大陸會議在費城召開，13 個殖民地的代表第一次齊聚一堂，團結一致，共同對抗英國。

在這樣的時刻，那些長老會教徒、公誼會教徒以及荷蘭改

革派分子，即便平日彼此不甚和睦，此刻也齊心協力，共同投入這場反抗的事業。即便是那些平日被稱為「貴族派」的銀行家、商人，也與「民主派」的窮苦百姓攜手並進。

1775年6月，美國大會推薦維吉尼亞的喬治‧華盛頓出任新招募部隊的總司令。華盛頓雖有些勉強，但仍接下了這份重任。7月2日，華盛頓抵達劍橋，手持正式的委任書，開始了他引領美國獨立戰爭的歷程。

華盛頓的整頓與挑戰

此刻新上任的統帥喬治‧華盛頓將軍，正面臨重重困難和挑戰。軍營內部混亂不堪：有些民兵身穿制服卻無槍，有些邊疆人卻有槍但無制服；武器供應商漫天要價；自稱愛國者的人仍有幻想；前來效命的冒險家抱有野心；委員會成員疑慮重重；傳教士四處布道；親英人士還抱有期待；隨軍餬口的人知道如何弄到貨真價實的東西。

身為44歲的維吉尼亞人，華盛頓身材高大威猛，是一位優秀的騎手。儘管出身古老顯赫的家族，但他並非狂熱分子，更不是那種容易被人指責的人。相反，只要下屬恪盡職守，他會給予誇獎和感謝；但如果發現有人在職位上打瞌睡或遲到，他也會痛罵一頓，絕不手軟。

華盛頓先前就曾參與過驅逐印第安人和抗法的戰爭，年僅

23歲時就被推舉為維吉尼亞地區各路軍隊的司令。面對目前軍營內部一片混亂，缺乏大砲等重要裝備，加上蓋奇仍掌控著野戰炮，形勢著實不容樂觀。華盛頓竭盡全力進行整頓，試圖扭轉這種困境，建立一支有紀律、有作戰能力的軍隊。作為戰時統帥，他需要發揮獨特的「領導力」來重塑軍隊，這對於這位嚴肅沉思的維吉尼亞人而言，無疑是一個巨大的挑戰。

轉折時刻，提康德羅加堡的勝利與波士頓撤離

在這危機深重的時刻，起義者卻迎來了難得的好運。位於紐約北部的提康得羅加和克朗波因特兩座堡壘，原本是為了抵禦法國人及其印第安盟友從加拿大入侵英國殖民地而建。如今加拿大已不再為法國國王所有，這兩座堡壘也失去了策略價值，反成為了武器庫，僅有少數老兵把守。5月10日，佛蒙特人艾拉‧艾倫率領軍隊攻占了這兩座堡壘，獲得了大量的武器和彈藥。與此同時，班奈狄克‧阿諾德改造了一艘舊船，在尚普蘭湖上奪取了聖約翰堡，再添40門大砲。

隨著厚雪覆蓋在伯克郡山脈上，一位智慧的波士頓商人設法將這些來之不易的戰利品從紐約中部一路運送到了麻薩諸塞的多徹斯特高地，並在那裡裝填上從英國軍需船「南茜」號繳獲的彈藥。如此一來，大西洋沿岸大部分地區都被美國人控制了。1776年3月17日，英軍和效忠英王的殖民地人民撤離波士頓，

登船前往新斯科舍的哈利法克斯。他們離去後，原先在劍橋公共牧場上呈現的那副烏合之眾的面貌已不復存在。美國軍隊變得訓練有素、紀律嚴明，眾人也在這變化中感受到了一股新的氣勢。

雖然暫時獲得了勝利，但美國軍隊也不敢貿然採取進一步行動，必須先觀察一下後續局勢的發展。此時的關鍵問題是：「費城究竟發生了什麼事？」

令人驚嘆的教育成就

令人驚嘆的教育成就

　　過去，人們習慣將中世紀視為一個華而不實的情節劇，充滿危險與表面光彩，缺乏真正的人文關懷。然而，隨著歷史研究的不斷深入，我們逐漸認識到，生活在各個時代的人們，實際上與我們並無太大差異，所謂的重大差別，更多隻是人為造就的表面現象。

　　中世紀的城堡建築就是一個很好的例子。人們一度認為，這些高大的城牆和城樓，是為了保護居民，抵禦敵人和強盜。但事實上，其雙重目的是，一方面將敵人阻隔在城外，另一方面也把城內居民關在城內。對於普通百姓來說，他們並不懷有什麼愛國思想，只忠於自己的家鄉，對於民族和國家沒有太多概念。他們只能忍受戰爭帶來的飢餓和痛苦，當敵人攻陷城池時，要麼被掠奪，要麼被迫供給戰爭需求，最終陷入一貧如洗的境遇。

　　同樣的，在美國革命中，支持英王的親英分子也發揮了與中世紀的城堡相似的作用。革命軍不僅要驅逐英軍，還必須防範這些支持英王的人與敵人勾結。這些大多出身較富裕階層的人，正是因為他們長期從事放高利貸的職業，而徹底激起了小農場主的仇恨。

　　然而，造反者站穩了腳跟，而效忠英王的人不敢出聲。最終，英國政府雖然試圖招募歐洲僱傭軍，但華盛頓及其戰友們並不畏懼，他們熟悉家鄉環境，掌握適合荒野作戰的戰術，與此同時又距離自己的補給基地很近，因此最終擊敗了英軍。

　　歷史的發展充分證明了教育的優越性。知識的力量，使我

們能夠超越表象，深入理解事物的本質，從而作出正確的判斷和選擇。正是這種教育的力量，推動了美國革命的勝利，帶來了人類發展的希望。

眼下，全國人民被激發起高尚的愛國情感，但這份情感究竟能維持多久，人民是否能夠團結一致，共同擊敗共同的敵人，這些都是迫切需要解決的問題。這不僅關乎著是英國人還是美國人來統治這片富饒的土地，更是關乎著究竟是城市貴族派還是民主派來主導新興美利堅民族的未來。

現在敵人就在大門外，只有團結一致才能取得勝利。因此必須制定出一個能夠把兩大對立派別（城市貴族派和民主派）的力量凝聚在一起的綱領，即使這種聯合只能維持短短的一兩個月甚至一兩年。即使在華盛頓忙於訓練新軍之際，也缺乏一個具有個人魅力和說服力的領導者來完成這項艱巨的任務。

此時，一位維吉尼亞人再次站了出來，力挽狂瀾。那就是湯瑪斯·傑佛遜。與華盛頓不同，傑佛遜出身平凡，童年在偏遠的藍嶺山區度過，對東部的文明幾乎一無所知。他不喜歡華盛頓那種貴族式的生活作風，相反，他更嚮往平民化的生活方式。

然而，當他逐漸成為一個思想獨立的人時，傑佛遜卻成了貴族中的貴族。這樣的反差讓他深切感受到被人誤解的痛苦，也受到難以置信的妒忌、辱罵和中傷。但正是他的聰明才智，使13個互相爭吵的殖民地有了共同的信仰宣言，確立並提高了美國在世界上的地位。

令人驚嘆的教育成就

對於傑佛遜來說，背叛和中傷已經是家常便飯。他清楚自己為這個國家所提供的真正價值。在這個關鍵時刻，正是他能夠成為那個團結所有人的領導者，凝聚起全國人民共同對抗英國殖民統治的力量。風雨飄搖的大陸會議需要他的智慧和氣魄，去化解城鄉矛盾，維護革命事業的勝利。

革命逆風起，挺身而出的民族激進派

在這種情況下，人們漸漸意識到，只有採取十分激烈的措施，比如推翻舊的政體、宣布成立一個獨立的國家，才能夠把每一個紛爭的派別團結起來。這樣一個大膽的行動，將會與宗主國進行徹底的決裂，並且沒有挽回的餘地，從而使那些猶豫不決的人們重新鼓起勇氣，只能在下麵的兩種情況中做出一個選擇：不是在戰場上光榮戰死，就是在絞刑臺上英勇就義。

1776年6月7日，理查・亨利・李在與殖民地的政治領袖進行長時間的磋商之後，提出了一些決議：首先，所有這些聯合的殖民地都是而且應該是自由獨立的邦國，不再效忠於英國王室，與大不列顛王國的一切政治聯結也應該完全解除；其次，有必要採取最有效的措施來組成一個政治聯盟；最後，擬定一個建立邦聯的方案，並且很快就會送交各個殖民地，請他們審議和批准。

成立了一個由班傑明・富蘭克林、羅傑・薛曼、羅伯特・

R. 李維頓、約翰·亞當斯和湯瑪斯·傑佛遜組成的委員會，起草一個正式的檔案，向國內和全世界的人民進行說明，英國國王是以什麼態度和採取了哪些令人憤慨的手段迫使原本忠誠於他的臣民不得不採取這種激烈的手段，斬斷與宗主國的一切連繫。最終，流傳至今的《獨立宣言》其實是湯瑪斯·傑佛遜的作品，展現了他的政治信念和一般生活哲學。

大陸會議對宣言進行了充分的討論，有人對一些細微之處提出了修改的意見，直到 7 月 4 日的晚上，委員會還在忙著修改最後的草案。7 月 5 日，抄寫了幾份，送給了革命軍隊的指揮官們。7 月 8 日，最終可以向聚集在市政廳廣場的費城居民宣讀這個宣言。直到 7 月 19 日，才最終決定把獨立宣言寫在一張大羊皮紙上。8 月 2 日，抄寫員完成了這項任務，簽名的工作終於可以開始了。在這份非同尋常的檔案末尾出現的名字中，有 8 個人是在殖民地以外的地方出生的，有 18 個人具有外國血統。其餘的一半的人可以稱作英國人的後裔。由此可見，美國這個國家從誕生那天起，就真正展現了四海之內皆兄弟的理想。

重臣憂心慟怨，英國統治美洲的危機

隨著英國與其美洲殖民地之間的紛爭更新，英國國內也出現了重大分歧。另一方面，國王喬治三世及其大多數臣民，堅信必須維護英國議會的至高無上權威，務必讓這些叛逆的殖民

> 令人驚嘆的教育成就

地回歸英國的統治。另一方面是一些堅持殖民地應有自治權利的反對派，如著名政治家皮特和伯克，他們擔心暴力鎮壓會進一步激化矛盾，造成喪失英國最忠實盟友的後果。

國王和議會對待美洲問題的立場十分堅定，認為這關乎英國尊嚴和威信，必須立即採取強硬措施，重塑王權在殖民地的絕對權威。他們認為，如果容忍殖民地的反抗，這不僅會動搖英國內部的政治秩序，也會危及英國在全球的領導地位。但另一些更為明智的政治家則警告說，這樣的做法恐怕適得其反，會令憤怒的殖民地人民反而與法國等敵國合作，危及英國在美洲的整體利益。

英國上下在如何處理這場危機上展開激烈爭論，矛盾愈演愈烈。究竟是堅持議會至上的原則，還是退讓以維護殖民地的忠誠，這個棘手的抉擇令英國陷入了前所未有的嚴峻困境。

美國革命戰爭的幕後交易者

不知從何處竊取這場革命的收益，是一群貪婪的君主們的企圖。擁有充裕現金的他們不約而同地盯上了這場動盪帶來的機遇。北德一些小公國的君主，以各種手段謀取利益，成為這場戰爭的陰暗幕後推手。

這些君主們正竭盡全力將自己的簡陋宮殿打造成模仿凡爾賽的華麗，因而需要大筆資金。他們如獲至寶般地發現，可以

將自己的臣民出賣給英軍充當炮灰。在接下來的 7 年裡，他們賣掉了近 3 萬名臣民作為外國軍隊的奴隸，從中獲取豐厚的回報。這些殿下更希望從英國獲得戰傷賠償金，因此他們當然願意戰爭越久越好，越是血腥越好。這就是英國盟友們的情況。

法國和西班牙的加入給英國帶來了艱難的局面。為了應對美洲問題，英國無法將全部精力投入。不過，普通百姓仍期盼政府能夠竭盡全力擊敗革命軍。英國失敗的原因有三：遠離本土三千英哩的作戰線、士兵不熟悉當地作戰方式，以及革命軍由志工組成的志願軍而非正統軍人的僱傭軍。

總之，在這場革命戰爭的幕後，有一群貪婪的小國君主，靠著出賣自己子民的手段，從中牟取暴利。他們的所作所為扭曲了這場正義的戰爭，令人不齒。這場戰爭的真相令人慨嘆，也令人警醒，不能讓貪婪蛀蝕了理想的初心。

華盛頓軍隊在德拉瓦的堅韌精神

人們經常說，上帝總是站在擁有最大火炮的一邊。這句話雖然有些道理，但對於這場戰爭而言，雙方的火炮配備都不錯，勝利最終應該屬於勇於犧牲的那一方。佛蒙特人和羅德島人跟隨華盛頓在德拉瓦的雨雪和泥濘中艱難前行。他們知道，如果失敗，他們的農場會被焚毀，牲畜會被搶劫，妻兒可能被遣送到加拿大或新斯科細亞。相比之下，那些黑森士兵只是為

令人驚嘆的教育成就

了7英鎊4先令4分半的微薄報酬而參戰,除了勉強維生的食物和偶爾的啤酒外,他們什麼都得不到。在槍林彈雨中,他們一隻眼盯著敵人,另一隻眼盯著最近的逃跑路線,無法全情投入戰鬥。

儘管如此,華盛頓的軍隊仍然堅定不移。他們明白,如果失敗,他們的家園將被毀滅。因此,他們義無反顧,即使在艱難的行軍和惡劣的天氣中,也從未放棄。儘管黑森士兵缺乏鬥志,但華盛頓的軍隊卻以堅韌的精神和對自由的渴望而戰。這最終成為了他們取得勝利的關鍵所在。正如歷史所證明的,並非擁有最強大火力的一方必定能獲勝,而是那些願意為自由而戰、義無反顧的人才能最終贏得勝利。

華盛頓與軍隊的隆冬考驗

就當英國人在費城甚至其他地方暫時取得優勢時,革命軍隊的運勢卻是喜憂參半。另一支英國部隊沿著尚普蘭湖岸前進,成功奪回了提康得羅加要塞。但這支軍隊的指揮官卻是著名的劇作家約翰·伯格因,不諳軍事,很快在紐約北部的荒原上遭遇了慘敗,連同所有軍隊與輜重物品都被俘獲。這場薩拉托加戰役,代表著第二次戰役終結。

雖然英軍在其他戰場上取得了勝利,甚至占領了革命首都費城,但這些都無法擊垮殖民地人民的決心。相反,這激發了

猶豫不決者的拚死抗爭勇氣，促使大陸會議透過一系列關於邦聯和永久聯合的法案，使得」美利堅合眾國」不再只是一個空洞的名稱。到第二年戰爭即將結束時，英國人迅速取得勝利的希望也變得越來越渺茫。

然而，華盛頓率領的大軍在費城附近的福吉山谷度過了一個極其嚴酷的寒冬。大陸會議低下的效率和冷漠無情，讓革命軍飽受飢寒交迫。甚至有一些麻木不仁的農民，將全部農產品直接出售給英軍以換取金錢，而同胞卻無力購買。

但只要戰鬥重新打響，這些痛苦經歷就會被遺忘。身為總司令的華盛頓，在面臨重重考驗時展現出卓越品質。新英格蘭民主派對此富有戒心，甚至醞釀了一些令人不齒的小陰謀，企圖謀奪他的指揮權。然而，面對連續不斷的騷動和中傷，多數人都會選擇辭職，但華盛頓卻以毅力和擔當，堅守職位，領導革命軍度過最艱難的時期。

華盛頓與富蘭克林在美國獨立戰爭中的角色

華盛頓將軍雖然面臨一次次艱難的挑戰，但他從未被眼前的困境所打倒。作為一名出色的策略家，他深知即使遭受挫折，只要保持清醒頭腦和定力，終有一天必定會迎來轉機。就在他堅忍不拔地訓練部隊、傳授軍事理論時，1777年的一封神祕來信，為他帶來了明媚的曙光。這封信來自遠在巴黎的富蘭

令人驚嘆的教育成就

克林,宣布他已抵達法國,尋求外援支持革命事業。

今天,人們往往會懷念早期美國革命年代的美好時光。當時,獨立與自由的理念在各界傳播,開放和創新的氛圍空前濃厚。但這並非完美的年代,其中仍然存在著許多問題和矛盾。

當時的革命先驅們,確實具有非凡的才華和創造力。他們絕非教科書上的那種莊重高尚的英雄人物,反而大多性格較為飛揚跋扈,喜歡喝酒聚會,熱衷於各種冒險。他們對生意和投資一絲不苟,同時會慷慨解囊幫助朋友。他們思想解放,大膽追求自我,從不受拘束。

這些革命先驅們的獨特品格,正反映了那個時代的特點。他們不拘小節,但也勇於擔當;他們脾氣暴躁,但也熱愛自由;他們崇尚個人主義,但也時刻關注公共利益。正是這樣一群頑固而熱情的人物,推動著北美大陸邁向更加開放和繁榮的未來。他們的故事,正是一段令人難忘的革命實錄。

班傑明・富蘭克林,一個平凡而卓越的革命家

班傑明・富蘭克林可以說是一個平凡而又非凡的人物。出生於一個貧窮的英國移民家庭,他沒有受過高等教育,卻憑藉自己的勤奮和智慧,在各個領域都有出色的成就,成為了美國的開國元勛之一。

富蘭克林從小就熱愛閱讀和寫作，在 11 歲時就開始在父親的肥皂廠工作。三年後，他又在哥哥的印刷所找到了自己更加熱愛的工作。即使在後來的人生中曾歷經多次流浪，但他從未完全脫離了印刷工人的身分。這種對鉛字排版的熱愛一直伴隨著他。

然而，富蘭克林並沒有被這份平凡的工作所局限。他透過自學，掌握了多種語言，包括拉丁文、西班牙文、法文和義大利文。他還發明了新的字型和油墨，並建立了北美第一個公共圖書館。在政治方面，他擔任過殖民地的郵政總監，並為革命事業做出了重大貢獻。

富蘭克林的成就無疑令人讚嘆。但更令人敬佩的，是他從未忘記自己的平凡出身，總是保持著謙遜、樸實的態度。他的生平反映了美國革命的光輝歷程，也展現了一個普通公民靠自己的智慧和勤奮，能夠在各個領域取得非凡成就的可能性。可以說，富蘭克林是一個代表美國夢的典型人物。

古稀外交家富蘭克林在法國尋求支持

當英美兩國矛盾激化，革命氛圍日益濃厚之際，這位年過古稀的老人卻扛起了外交使命，前往法國尋求援助。他憑藉自身的聲望和勢力，得以擊破重重阻礙，最終在重重困境中獲得了法國政府的支持。

令人驚嘆的教育成就

富蘭克林雖已年邁，但身上仍然散發著自由的光芒。他在清教徒和貴格派的學校接受教育，了解如何與菁英階層進行談判。倚仗這份溝通能力，加上個人聲望的支撐，他得以順利抵達法國海岸。

法國正處於文化頂峰，貴族們沉浸在奢華的生活之中，已喪失了當初的活力。然而，當這位北美代表帶著新生國家的請求來到這裡，他們卻有了一股前所未有的激情。富蘭克林恰恰利用了這種渴望新鮮事物的心理，爭取到了法國的支持。

儘管大陸會議給予富蘭克林的指示相當模糊，僅憑個人聲望和勇氣，他還是設法籌集到了足夠的資金，渡過了艱難的航行，最終抵達目的地。這次危險而艱辛的外交之旅，為北美革命的勝利奠定了基礎，富蘭克林可謂是這場革命的先驅之一。

富蘭克林的法國交鋒

在那個關鍵時刻，富蘭克林出現在他們之中。這位老印刷工從未研究過心理學，卻深諳人性。如果他想贏得這強大民族的青睞，就必須迎合他們對戲劇性事件的偏好。於是他變身為熟練的演員，以卓越的表演技巧詮釋了自己的角色，最終促成了法國與殖民地革命者結盟，宣戰英國。

你是如何實現這一目標的呢？最簡單的方法就是忠於自我。法國國王路易十六的大臣們習慣於平淡乏味的凡爾賽生

活，突然出現了這位令人愉悅的老人。他頭戴海狸帽，身穿 1730 年式樣的衣衫，與他們談話就像在對子孫說話。如果他們表現良好，富蘭克林會賞賜他們自家果園的核桃或蘋果。這樸實的自然在此顯得格外新鮮，法國人為之傾倒。不到一個月，全國上下都知道了這位來自偏僻之地的哲學家。街頭小販叫賣著他的版畫和塑像，鼻煙盒和刮鬍刀也都印上了他親和形象，美麗的女士們更是爭相佩戴著具有他畫像的首飾。全國上下都為富蘭克林瘋狂。

只有這位有著印刷工體魄的老人，才能於無窮無盡的宴會中悠然就餐。然而，此行並非一帆風順。在此之前，已有兩位北美代表先行抵達法國。其中一位是康乃狄克人賽拉斯·迪恩，他在殖民地和歐洲建立了極為有利可圖的商業關係。他發現，路易十六的宮廷音樂鐘錶匠、歌劇作曲家博馬舍熱烈支持北美，願意竭盡全力相助。當然，所有動作都需保密。迪恩和博馬舍制定了一個別出心裁的計畫。富蘭克林的到來，正是在此微妙的時刻。他將如何應對，最終推動法法之盟，成就一番偉大的功業？

在法國巴黎，「羅德里格斯·奧塔萊斯和切」商行開始運作，並與馬德里的「迭戈·加爾多奇」商行密切合作。大批槍支、彈藥和軍服陸續運抵西印度群島的港口，其中不乏源自納漢特與普羅維登斯的快船。當地正派商人名下的火藥桶，卻不知如何流落到華盛頓軍需部手中，最終竟落入賓夕法尼亞民兵

令人驚嘆的教育成就

之手。英國大使尖銳抗議，但法國外交部卻無法解釋。這一切祕密交易的背後，均由倚憑彼此誠信默默運作。

當博馬舍順利處理此事時，卻遇到另一位代表－理查‧亨利‧李的弟弟亞瑟‧李。這位醫生兼律師一向猜忌重重，視所有人為欺騙者和小偷。他指控博馬舍貪汙腐敗，並要求其提交帳目。儘管博馬舍清白無罪，但仍被迫自願流亡英國，最終去世。而亞瑟‧李則成為反對美國憲法最激烈的分子，成為所有想要改善國家之人的絆腳石。

在此期間，富蘭克林來到巴黎，深受法國民眾的愛戴。然而受李的自以為是和毫無城府所影響，博馬舍不願再為富蘭克林提供任何幫助。但仍有其他人在幫助富蘭克林。在漫長而焦慮的七年歐洲之行中，富蘭克林一直致力於為美國軍隊購買軍火、商討借款、裝備民船，並化解下屬矛盾，爭取其他國家的政治、商業聯盟。儘管步入風燭殘年，他仍不遺餘力，最終成功換來美國獨立的認可。

新時代的悼歌

新時代的悼歌

兩個截然不同背景的青年 —— 富有優雅的拉法耶特和自幼身遭磨難的盧梭，竟以一種奇妙的方式交織在了一起。一個是法國最古老、最高貴的名門子弟，另一個則是飽歷顛沛流離的哲學家。

拉法耶特擁有優渥的家境，卻不知如何處置自己的財富；盧梭則自幼失去父母，經歷過各種起起伏伏，終成著名的作家和預言家。這兩個人生經歷的巨大反差，卻因為一個他們從未見過的國家的利益，而被奇妙地連繫在了一起。

盧梭提出了一種嶄新的理論 —— 所有的現代文明都是邪惡的，唯有回歸自然，才能找到真正有價值的東西。這一理論無疑會引起法國人的共鳴，因為他們早已沉浸在享樂之中，失去了生活的熱情。於是，整個法國社會都嚮往著古老祖先的簡樸生活，王后和公爵夫人也參與了其中。

與此同時，遙遠地平線盡頭的一群鄉巴佬竟成功打敗了強大的英國軍隊，這讓法國人驚訝不已。他們發現，盧梭所宣揚的「天堂」，其實早已存在於薩斯奎哈納河和詹姆斯河的岸邊，名為「亞美利加」。於是，法國人開始效仿「亞美利加」的生活方式。

年輕的拉法耶特深受這股熱潮的影響，他公然蔑視國王的命令，到南卡羅來納參加戰爭。儘管他的英語水準並不出色，但他仍受到了周圍人的喜愛和歡迎。這樣一個文雅英俊的法國青年，竟然出現在這片陌生的大陸上，讓歐洲大陸會議也感到不解。

兩個身分背景截然不同的青年人，在一個遙遠的國度上演了一段奇妙的交織，揭示了一個新時代正在來臨的悼歌。這場跨越文化鴻溝的遭遇，必將掀起一股令人振奮的新浪潮。

美國獨立戰爭初期，歐洲貴族的光輝與革命

前文生動地描述了美國獨立戰爭初期歐洲軍官湧向北美的情景。不同於其他夾帶自己功勳軍銜的「吹牛大王」，年輕的拉法耶特卻以純粹的理想和熱忱贏得了華盛頓的重用。其他歐洲軍官，如普魯士男爵馮‧施托依本、德國人約翰‧卡爾布和波蘭人科蘇爾科等，也在組織訓練和戰鬥中發揮了重要作用，為美國革命注入了歐洲貴族的光芒。

此外，文中還描述了革命思想在歐洲的傳播，引發了荷蘭反對黨的支持，以及大陸會議與阿姆斯特丹商人的祕密貸款協助。這些外交上的努力，顯示了美國革命已成為一股不容忽視的世界性力量。

然而，在與英國對抗的關鍵時刻，亨利‧勞倫斯攜帶的貸款協卻落入了英國人的手中，讓革命的道路上蒙上了一層烏雲。這一挫折也突出了當時北美獨立事業所面臨的巨大困難。

新時代的悼歌

荷蘭的援助 —— 美國革命的關鍵因素

　　荷蘭的援助的事件讓倫敦陷入一片怒火。更令人不安的是，就在美國革命爆發前不久，英國海軍上尉約翰・保羅・瓊斯曾大膽地將他的船隻「塞拉皮斯」號駛進荷蘭港口，如今他已成為美國海軍上尉，駕駛著戰利品「塞拉皮斯」號進入荷蘭泰瑟爾港。讓英國人更加憤怒的是，荷蘭不但沒有按照英國在海牙的公使要求逮捕這個「海盜」，反而將瓊斯視為民族英雄崇拜。雖然瓊斯及其 227 名水手中只有 70 人為美國人，但他們在任何地方出現都會受到民眾的熱烈歡迎。

　　當荷蘭政府拒絕將「塞拉皮斯」號交還原主不久，英國政府發現荷蘭正在向北美提供祕密貸款。這最終導致英國向荷蘭宣戰。在此次北美戰事中，荷蘭雖未派遣一兵一卒跨海協助北美人民和法國作戰，但其海軍在北海成功牽制了英國海軍，這對北美革命勝利發揮了關鍵作用。

　　當時，北美缺乏強而有力的中央政府，大多數州財政破產，美元嚴重貶值。軍隊常處於叛亂邊緣，缺乏基本生活物資。法國雖然答應提供援助，但自己的財政也陷入困境。富蘭克林和亞當斯艱難獲得的貸款大多都是匯票，很難兌換成現金使用。

　　在這個關鍵時刻，價值 700 萬美元的荷蘭硬幣成為上天的恩賜。促成此筆交易的荷蘭銀行家並非出於單純的革命情操，

而是期待日後恢復和平時能從中獲得商業利益。這筆黃金直接送到了華盛頓將軍手中，使他免於幾次叛亂，最終贏得了獨立戰爭的勝利。可以說，荷蘭的援助是美國革命取得勝利的關鍵因素之一。

革命的勝利與邊遠地區居民的興起

戰爭進入了膠著階段，但局勢卻悄然發生了微妙的變化。英國軍隊在北美大陸上步履艱難，無法取得實質性進展。此外，「距離」的作用日益凸顯，英軍再次被敵人甩在了後頭。

親英派也開始意識到局勢的不利走向。他們明白，自己下錯了賭注，支持了最終失敗的一方。於是，大批財產被匆忙運往其他英屬殖民地，但大部分不動產最終落入了邊遠地區少部分人的手中。

這一變局大大增強了民主派的實力。過去一直被視為貴族階層的親英派被迫離鄉背井，而他們曾經擁有的財產和土地，如今成為了革命戰士手中的戰利品。

就這樣，從 1775 年到 1787 年，有將近一半的不動產所有權發生了變化，這些新興的房地產擁有者大多來自貧苦的邊境地區。他們一夜之間的暴富，進一步鞏固了革命的力量，也大幅削弱了貴族階層的地位。

這場革命的勝利，不僅帶來了政治上的改變，更是一次財富重新分配的過程。邊遠地區的普通百姓憑藉自己的勇氣和付出，奪回了應得的回報，成為了新時代的新貴。這樣的轉變，必將深刻影響未來美國的社會格局和政治走向。

大國征程中的弱勢族群

回顧當時的歷史，我們不難發現，在新興的美國國家建立過程中，弱勢邊疆民眾的處境並非一帆風順。儘管民主派試圖藉由各種方式鞏固自己的地位，但他們對待邊疆居民的態度卻是冷淡的。這些居住在遙遠地區的人們，往往被視為與主流社會格格不入的存在，即便在面臨危難時，主流民眾也難以產生強烈的同情心。

正如書中所描述的，當法國人離去，而英國駐軍卻占據了當地的防禦工事時，這對於生活在邊疆地區的農民而言，無疑是雪上加霜。他們過去曾經被法國官員、耶穌會牧師乃至英國軍官所統治，如今終於擺脫了束縛，卻迎來了新的厄運。由於他們在戰爭中曾選擇站在英國人一邊，所以現在不得不為此付出慘痛的代價。印第安人的部落接連遭受攻擊，要嗎沒命，要麼被迫西遷。即使像紐約北部那些發展較為成熟的部落，也難逃美軍的摧毀。

這些弱勢群眾的處境，反映了當時美國國家建設的一些陰

暗面。主流民眾對他們的生活處境和遭遇，缺乏足夠的同理心和關懷。即便偶爾有同情的聲音，也多局限於表面上的安慰，無法實質地改變他們的困境。這無疑折射出了當時美國政治菁英階層對於弱勢群體利益的漠視。正如書中所言，即便美軍對這些無辜居民犯下了暴行，大陸會議仍然將指揮官奉為英雄。可見，在國家建設的征途上，弱勢群體的權益往往不得不屈從於統治者的利益。這段歷史的敘述，為我們認識美國建國初期的真實面貌提供了一個獨特的視角。

美國革命勝利者的國家建設之路

美國終於獲得了自由，但隨之而來的卻是新的挑戰。革命的勝利者們很快發現，建設一個新國家並非易事。

首先，他們已經不再是一個外國君王的臣民，而是一個獨立國家的公民。該如何治理這個國家，又應該建立一個什麼樣的國家？政府應該承擔什麼樣的職責呢？如何籌集維持獨立的陸海軍、外交、郵政、衛生等部門所需的資金？這些都是數不清的問題。

以往，英國政府一直擔負著戰勝敵人、維護農場安全、維持法律秩序等重任。但如今，這些都成為美國人需要解決的問題。他們必須自己探索並建立一種全新的政治體制。

亞當斯預料這個國家可能會陷入無政府狀態，而華盛頓也

發現自己必須承擔起員警的職責，才能把這個國家從暴亂邊緣救回。

革命雖然帶有某些消極因素，但它們卻是必要的，也是令人嚮往的。對於參與美國革命的人而言，他們的終極目標是實現一個共同理想。但在實現這一理想的過程中，他們也必須去做一些原本不願意做的事情。

如今，「不想做這做那」的時代已經結束了，取而代之的是」開始做事情」的平淡時代。革命者們必須從頭開始建設一個全新的國家。他們必須確立一種新的政治體制，才能有效治理這個國家，維持秩序，發展經濟。這是一場艱苦的探索，但卻是美國邁向自由與繁榮的必經之路。

從邦聯到聯邦，美國憲法誕生過程

革命戰爭結束後，美國面臨著一系列嚴峻的政治、經濟和社會問題。殖民地時期的分散狀態和軍事統一給國家帶來了嚴重的後遺症，各州之間的分歧也陷入了僵局。在這個危機四伏的關鍵時刻，美國的建國之父們進行了一場深刻而艱難的討論，最終制定出了一部保障其行使主權並確立國家統一的憲法。

這是一個需要兼顧各方利益、尋求共識的過程。激進民主派和保守貴族派的矛盾表面上已經暴露，但在更深層次上，建立一個切實可行的國家政體，才是真正的挑戰所在。不少溫和

派代表抱持著「建立一個適合實際情況的國家」的理念，希望透過理性討論，找到一個兼顧民主與權威的平衡點。

在為期4個月的祕密會議中，他們仔細分析了當前面臨的種種棘手難題，包括州際關稅、貨幣失控、財政缺口等。雖然分歧和矛盾不可避免，但透過妥協和折衷，他們最終制定出了一部展現權力分立、相互制衡的憲法草案。這不僅為新生的美利堅合眾國奠定了堅實的政治基礎，也成為了民主政治發展的里程碑。這場艱難的轉型，見證了美國建國之路的艱辛曲折，也向後人傳承了憲政民主的寶貴精神。

建國之路，麥迪遜的《聯邦黨人文集》

在那段歷史時期，美國剛剛從英國的統治下獨立出來，面臨著建立一套全新政治體制的巨大挑戰。精明的商人們深知單靠一個委員會是無法完成這項艱鉅的任務的，於是他們找到了一位能擔當大任的人物－詹姆斯·麥迪遜。

這位來自維吉尼亞州的麥迪遜先生，曾經寫過一本名為《合眾國政治體制的弊病》的宣傳冊，在召集安納波利斯會議的過程中發揮了關鍵作用。他帶著一份切合實際的立法方案，也就是著名的「維吉尼亞方案」，來到了費城。但是，那些來自小州的代表立即對他發起攻擊，認為他是民主的敵人，因為任何中央集權的想法都被視為對小州權利的侵犯。

為了應對這一危機，小州的代表提出了」紐澤西方案」，但遭到了來自大州代表們的否定。危機一觸即發，小州代表甚至想要退出這次會議。在這個關鍵時刻，華盛頓將軍主持了會議，並以其崇高的威望，讓所有人都不得不留下來。此外，富蘭克林博士運用其高超的智慧和幽默，緩解了代表們之間的矛盾，為順利推進憲法制定工作做出了重大貢獻。

　　最終，在經歷重重波折之後，康乃狄克代表團提出的妥協方案被大會採納，1787年9月美利堅合眾國憲法制定完畢。然而，憲法的批准工作並非一帆風順，各方代表在新政府的權力分配及小州權利的保護方面存在分歧。

　　為了解決這些爭議，代表們發表了一系列文章，後來被編纂成了一部著名的《聯邦黨人文集》。這部著作成為了研究美國憲法的可靠手冊，為新生的美國政治體制奠定了堅實的理論基礎。

美國憲法的生命力

　　當民主派和貴族派的衝突在各州不斷更新時，憲法的批准過程更加艱難。最終，憲法在各個州都獲得了贊同，甚至包括曾經拒絕參加費城會議的羅德島。自此以後，許多學者都撰寫了大量關於此問題的著作和評論，彷彿每個人都有資格告訴佛里茲·克萊斯勒如何演奏小提琴一般。

但事實上，美國憲法是一部鮮為人知卻高度有聲望的文獻，就如同歌德的《浮士德》、但丁的《神曲》和密爾頓的《失樂園》一樣。雖然人們常常高呼「啊，憲法！」，卻很少有人真正花時間去深入研究。只有學生們被迫閱讀憲法，才會發現它竟是如此乏味無聊的讀物。

然而，憲法實際上是過去兩百年來最有意思的檔案之一。它是折中妥協的產物，因此沒有任何神性的跡象，而是一份純粹的論述政府規則的理論檔案。儘管面臨科學、經濟和政治的巨大變革，憲法在過去一百四十年中依然生機勃勃，彷彿是一部政治的十誡，擁有非凡的生命力。

在今天的世界上，各國層出不窮的憲法可能讓人覺得它不再那麼重要了。但正是憲法給美國帶來了獨特的成就。這要歸功於 1787 年在費城聚會的那些人高超的智慧和務實的態度。他們就如同一艘帆船的船員，在黨爭的礁石和無政府狀態的漩渦中，成功地把這條小船安全地駛向大海。

憲法的頒布以及新政府的建立，代表著一個全新世界的到來。它不僅影響了美國的未來，也深刻地改變了整個世界的格局。這是一個非常奇特的世界，各種人物在歷史的舞臺上扮演著各自的角色。我們只能靜靜地觀看這一切，或感動地流下眼淚，或發自內心的大笑，因為我們堅信這將是一場精彩的表演。

新時代的悼歌

華盛頓時代的新秩序

華盛頓時代的新秩序

亞歷山大・漢密爾頓對於新生的美利堅共和國來說可謂是關鍵人物。作為華盛頓的重要助手，他憑藉自身的商業才能和政治眼光成為建構新秩序的關鍵推手。

漢密爾頓出身自加勒比海，父母的婚姻都不太順遂，他從小就飽受家庭變故的影響。但他的聰慧和勤奮早早引起了他人的注意，得到了贊助前往紐約哥倫比亞大學深造。在革命戰爭期間，他憑藉自己的軍事才能受到華盛頓將軍的賞識，成為他最信任的參謀和機要祕書。

作為一個菁英主義者，漢密爾頓不同意單純依賴選舉民意的民主制度，而是更傾向於一種菁英統治的制度。他主張由聰明、富有、高尚的人來治理國家，避免草率的民粹主義。在建立新政府時，他致力於設計出一個接近君主制的選舉制度，最大限度縮小民意在政治決策中的直接影響力。

雖然漢密爾頓的主張遭到湯瑪斯・傑佛遜等人的強烈反對，但華盛頓在選擇部長時仍然採納了他的意見。亞當斯當選副總統，而傑佛遜雖與漢密爾頓在很多問題上存在分歧，但仍被任命為國務卿。這些安排充分反映了漢密爾頓的政治影響力。

作為一個出身卑微的移民，漢密爾頓最終成為建構新政體的重要參與者，展現了個人天賦和勤奮在美國這片新大陸上的無限可能。這也預示著，未來美國的領導階層將有更多來自基層的菁英加入其中，塑造出一個嶄新的政治秩序。

重建美國財政秩序

　　1780 年，他以聯姻的方式成為紐約州一個古老荷蘭家族的一員，並開始了他的律師生涯，過著安定的生活。在這個過程中，他努力阻止那些極端民主派所擁護的有組織無政府主義，這個工作對他來說非常合適，因為作為一名移民，他並不完全效忠於任何一個具體的邦國，而是以一種更為開放的視野來看待這個全新的國家。

　　華盛頓之所以器重他，是因為他能夠講一口流利的法語，且擁有多年從事國際貿易的經驗，非常熟悉商業關係中信任的重要性。而在一些州立法機構中，許多議員是農民出身，他們習慣於簡單的以物易物貿易，對於貨幣、匯票、支票等金融工具感到困惑和不信任，認為這些都是魔鬼的把戲。

　　在擔任財政部長期間，漢密爾頓面臨著一筆龐大的國債問題，其中大部分是欠美國公民的債務。這些債券往往被公民以極低的價格賣給投機商，若政府兌現這些債券，投機商將獲得暴利，而原持有者則陷入貧困。此舉引發了政治上的分歧，最終達成了妥協方案。

　　然而，漢密爾頓並未滿足於此，他認為，除非建立一個穩健的財政基礎，否則合眾國無法實現真正的獨立。他認為，一個沒有國家銀行的國家是無法健康發展的，因此迫切需要建立一家屬於自己的銀行。但這一想法卻遭到了一些農場主的反

對，因為他們無法理解比雜貨店更複雜的金融機制，並且不信任將所有金錢集中的做法。

面對眾多挑戰，漢密爾頓勇敢地推動財政改革，為這個年輕的國家奠定了堅實的經濟基礎，使美國得以真正實現獨立，走向繁榮發展的道路。

聯邦黨與反聯邦黨的對立

與過去有所不同的是，現在他們團結起來形成了兩個派系，各自都有非常明確的綱領，而且還有了新的名稱。那些站在華盛頓、亞當斯和漢密爾頓一邊的人，他們希望建立一個由出身高貴的人、有良好教養的人和富有的人來操縱的強大的中央政府。他們被稱作為聯邦黨人。而另外一些人則把傑佛遜奉為他們的精神導師，反對各州把一部分原本屬於自己的獨立自主的權利轉交給新成立的聯邦政府。他們被認為是反聯邦的人。

這場政治分裂不僅反映了南北地區之間的經濟利益差異，也代表了在新興美國政治秩序問題上的深刻意識形態分歧。聯邦黨人主張建立一個強大的中央政府，而反聯邦黨人則擁護州府自治、維護民主。兩派的激烈對抗，讓政府的處境日益艱難，令美國處於前所未有的政治紛爭之中。這代表著一個新的時代的開始了美國政治的政黨化。

這場分裂不僅展現在議會論辯上，也在社會上引發了激烈

的輿論交鋒。人們一邊呼喊著支持共和或聯邦的口號，一邊對對立派別進行非議和誹謗。種種矛盾和對抗的更新，使得年輕的美國共和國內部出現了嚴重的動盪。這無疑是美國建國以來最為艱難動盪的時刻。

華盛頓的中立政策

在此時，法國陷入四面受敵的處境，迫切需要美國的支援。令人失望的是，面對法國的呼救，美國政府並未採取任何行動，反而頒布了一份命令，要求全體美國人在法國和英國之間的衝突中保持嚴格的中立。對許多普通法國人來說，這無疑是背棄了美法兩國之間的古老盟約。根據這一條約，美國不僅要成為法國在西印度群島的盟友，還要為法國的海盜船隻以及其戰利品提供港口庇護，並禁止法國的敵對國家進入美國港口。美國的中立宣言似乎完全背離了這一可敬的條約。

不久之後，法國新任的外交官愛德蒙·熱內來到美國，才明白華盛頓政府的行為源自於這個國家的處世哲學。這位和藹可親的年輕外交官渴望在美國重現富蘭克林當年在法國的輝煌成就。富蘭克林獲得了自由行動的許可，可以借款、裝備軍用船隻，甚至可以直接向法國人演講，以贏得他們的同情。相比之下，熱內雖然也不乏才幹，但仍無法完全取代這位備受法國人愛戴的費城人。

華盛頓時代的新秩序

不過，美國政府仍然欠著法國大量的債務。熱內認為，這筆款項應該由法國的使者來調配，以在私下資助英美兩國在西半球的小型戰爭，從而使美國成為法國在新世界的一個補給基地，就像十年前法國曾成為美國在歐洲海域的後勤支援。起初一切進展順利，熱內在查爾斯頓登陸時，受到了當地人民的熱烈歡迎。但當他踏上臨時首都華盛頓的土地時，他的麻煩才真正開始。

告別演說中的外交警示與美國的獨立之路

華盛頓在退出政壇後，仍然關注著國家的方向。作為開國元勛，他深知年輕共和國的前景堪憂。他在告別演說中，多次呼籲人們擺脫黨派利益，專注於國家利益。他警告說，歐洲列強的蓄意勾心鬥角，很可能會把美國拖入深淵。因此，他主張美國應該避免與外國建立持久的聯盟。

這番話似乎預料到了，未來美國將兩度捲入對歐洲戰爭的漩渦。當時的美國雖然初建，但已經面臨著複雜的外交困境。一方面，美國需要與歐洲列強保持良好關係，以確保自身的安全和貿易利益；另一方面，國內日益上升的民族主義情緒，卻要求美國必須對抗那些侵犯國家利益的外國勢力。

在這一矛盾中，不同政治派別產生了激烈的爭論。華盛頓的助手漢密爾頓力圖解釋，與英國建交是必要之舉，以避免美

英戰爭的爆發。但是，民主共和黨人並不接受這一解釋，他們指責這是一種見利忘義的行為。國內輿論一度高漲到了白熱化的地步。

事後看來，華盛頓的想法是正確的。美國應當保持超脫和超然的姿態，不被捲入歐洲的政治漩渦。只有這樣，我們才能夠集中精力發展自身，最終在國際舞臺上崛起。華盛頓以自己的政治生涯，為美國奠定了獨立自主的外交道路。他的這份遺產，必將永遠銘刻在美國的歷史上。

革命的含義差異與兩國關係的僵局

美國和法國都經歷了徹底的變革、劇烈的社會變動、根本性的改造，使用暴力取代舊的政府，可稱得上是兩場完整意義上的革命。這兩個共和國之間本應成為親密的戰友關係，因為在美國反對宗主國的革命中，法國提供了重要的援助和支援。

然而事實並非如此，兩國之間最終出現了不愉快的僵局。究其原因，在於對於革命含義的不同理解。對美國來說，革命意味著政權更迭，由有產階級、貴族和上層階級來掌管新的國家政權；但對法國來說，革命的真正意義是讓沒有財產的人民大眾、民主派和貧民窟中的人們來掌握新政權。

這種根本性的差異很難在短時間內消除。當時的觀察者們就像身在戰場上的士兵一樣，處處都是混亂、炮火和喊殺聲，

很難判斷實際情況。即便過了近一個半世紀，這種差異仍然存在，令無數真誠的法國人和美國人對結果感到困惑。

即使處於世界兩端、不是直接的商業對手，美國和法國也難以成為最親密的盟友。因為在他們眼中，革命的含義是迥然不同的。一個是政權轉移到有產階級、貴族和上層階級手中，另一個則是權力落入沒有財產的人民大眾及其代表手中。這種根本性差異使得兩國關係長期陷入僵局，難以化解。

美法革命對比，截然不同的路徑與結局

兩個國家的革命雖然都確立了共和制，但卻呈現了截然不同的軌跡和結局。美國的革命是由備受尊崇的公民領導，比如華盛頓、亞當斯和漢密爾頓等；而法國的革命則由出身卑微者主導，他們或是貧窮的工程師、沒落貴族或是其他無權勢者。這反映了兩個國家在革命過程中的根本差異。

美國革命以三千英哩的海洋作為天然屏障，使其免於遭受敵人的進攻。而法國革命卻與敵人為鄰，面臨著內外夾攻。美國革命取得最初幾場戰役的勝利後，基本上解決了後顧之憂。親英分子也因缺乏武器和軍隊，只能逃亡到偏遠地區，幾乎構不成什麼威脅。但法國境內的王室、貴族、教士和農民則不斷製造陰謀，使整個社會陷入極大恐慌，人們在恐懼驅使下犯下了可怕暴行。

當兩國都宣稱已經清掃乾淨政治環境時，實際上卻是遙遙相隔。美國的新政府搬進了一座基本保持殖民地面貌的房子，而法國的統治者則徬徨無助，不得不從地下室和閣樓搬進一座年久失修的王宮。正如亞當斯夫婦所感嘆的，昔日受人敬重的法國人如今淪為幫助卑鄙上尉的暴民。兩個國家革命的如此不同，充分說明了民族素養、地理環境以及革命方式等多重因素對革命成敗的重要影響。

美國外交的艱難前路

經歷獨立戰爭後，美國急需休養生息。但亞當斯總統發現，隨著法國革命狂潮的蔓延，其國內外交局勢變得越來越複雜。一方面，共和派力挺法國，而另一方面，亞當斯卻明白美國不能再陷入新的戰爭漩渦。

在總統官邸中，亞當斯感嘆地看到自己的同胞竟然對那些殺人犯和強盜表示支持，不禁更加堅信美國陷入內戰的危機。然而，他也明白，美國的首要任務是恢復外交關係，恢復戰後的經濟。因此，他委派三位外交使者前往巴黎，試圖以和平友好的方式，修復與法國的關係。

但三位使者抵達時，卻遭到了法國人的強烈不滿。法國人非常憤怒地指責美國對待英國和法國的雙重標準。他們指出，每當美國商船遭英國擄掠，華盛頓都不會提出抗議，反倒與英

國保持密切的外交往來；但一旦法國人稍加干擾美國船隻，美國政府就立即發出嚴厲譴責。

顯然，修復美國和法國的關係並非易事。亞當斯總統清楚，美國剛剛獨立不久，仍然命懸一線，急需休養生息。但與此同時，他也深知不能讓國家再次陷入戰爭。在這樣錯綜複雜的外交局勢中，亞當斯必須謹慎地尋找出一條兼顧國家利益和和平的道路。

巴黎外交困境，美國使節的堅守

作為美國政府派遣的和平使者，三位使節在巴黎面臨著棘手的外交挑戰。他們明白，如果能夠巧妙地迴避可能引發爭論的問題，並提出一些迫切需要解決的建議，或許就有可能取得成功。然而，他們很快就發現自己陷入了一個由「金融界的高層」設下的複雜網路之中。

這些自稱能夠為美國帶來巨大利益的金融界人士，以各種誘人的承諾試圖誘惑美國代表。給外交官送上禮物在當時是普遍的做法，比如鼻煙盒裡裝滿金幣，使他們可以享受上等鼻煙的同時，還有餘錢乘坐馬車。美國代表充分了解這一常見的遊戲規則，甚至暗示應該向巴拉斯先生送些錢。

但是，當督政府的官員們要求美國政府貸款700萬美元時，使節們堅決拒絕了。他們意識到，如果答應這筆貸款，就等同

於放棄中立立場，將導致美國與英國之間的戰爭爆發。任何有尊嚴的政府都不會容忍這種明目張膽的訛詐行為。

這三位使節面臨著艱難的抉擇。一方面，他們明白需要採取外交手段來解決一些迫切問題；另一方面，他們又不願淪為那些投機者的圍獵對象，更不能做出有損國家尊嚴的決定。在這場看似乎和的外交遊戲中，他們必須謹慎地權衡利弊，堅持原則，最終找到一條能夠維護美國利益的道路。

法案惹爭議，聯邦黨鎮壓言論自由

迄今為止，人們仍無法完全掌握當時整個陰謀的具體細節。然而，當美國使者與法國中間人的信函抵達費城時，聯邦黨的領導人認為這是一件絕佳的政治武器。他們公開了信件內容，卻刻意隱瞞了提及的法國官員真實姓名，將其用「X、Y、Z」代替。接著，他們轉向民主共和黨人指責：「你們看，這就是你們所推崇的遠方朋友！這就是你們所珍視的人。」但他們並未止步於此。他們利用民眾的激烈情緒，透過了一系列法案，以防止民主共和黨人發洩不滿。

其中第一個就是《外國僑民法》，將申請入籍的等待時間從5年延長至14年，並賦予總統逮捕和驅逐任何不受歡迎外國人的權力。第二個是《煽動罪法》，嚴厲禁止任何攻擊政府、總統或國會的惡意誹謗和宣傳，並將違反者定罪入獄或罰款。

這些法律在現實中都有依據。當時愛爾蘭流亡者在美國報刊上長達 7 年對英國政府進行激烈抨擊，引發了不少居民恐慌。聯邦黨人似乎藉此一筆勾銷了他們摧毀中央集權的努力。

新的星室法庭由亞當斯總統簽署，與憲法相比，大大剝奪了美國公民的言論自由和新聞自由。愛管閒事的聯邦法官以言論批評總統為由，將編輯員判入獄。具有民主思想的美國人對此感到憤怒，引發了社會動盪的威脅。聯邦黨的做法備受爭議，引發了言論自由危機。

民主共和黨崛起，湯瑪斯・傑佛遜的幕後操縱

時值 1800 年，美國政壇風起雲湧。聯邦黨人已經雄踞政權多年，但民主共和黨人蠢蠢欲動，迫切希望推翻他們的統治。這場政治角力的幕後策劃者是退居莊園的湯瑪斯・傑佛遜。

自從離開華盛頓內閣，這位精明的老先生便隱居在維吉尼亞州的蒙蒂塞羅莊園。表面上，他過著近乎苦行僧一般的平靜生活，遠離塵囂的政治遊戲。然而，這位老練的政治家並未真正退出舞臺，反而開始積極操縱民主共和黨的路線和策略。

傑佛遜幾乎每天都會寫信與民主共和黨的重要人物連繫，影響他們的一舉一動。當黨內領袖們不知所措時，便會在週末聚集到他的莊園，在一杯馬德拉白葡萄酒的陪伴下，討論如何擊潰他們的政敵－聯邦黨人。

當維吉尼亞和肯塔基的州議會宣布《煽動罪法》無效時，傑佛遜在這些具有危險性的「否決」檔案中扮演了關鍵角色。人們普遍認為，這只是民主共和黨人為了擺脫聯邦黨人日益強化的中央集權而做出的最後努力。

恰恰是在這樣的政治角力中，民主共和黨人在 1800 年大選中戰勝了聯邦黨人，掌握了政權。財富階層預言一個即將到來的無政府混亂時代，而邊遠地區的百姓則燃起篝火，慶祝「富豪的恐怖統治」的結束。

這場政治權力的交替，正是在傑佛遜的暗中操縱下發生的。雖然他已經退居於莊園中，但他的筆下和腦中，卻仍然充滿著對政治的熱忱和智慧。正是這樣一位隱居幕後的老練政客，推動了民主共和黨的崛起，成就了這一政治大廠的轉折。

拿破崙交易和傑佛遜總統的重建

傑佛遜總統在上任之初，就著手廢除許多聯邦黨人制定的法律，並淘汰他們的官員，務求避免整個政治生活和商業活動的震盪。這些行動有破壞性，但傑佛遜作為一個具有建設性精神的人，並不因此而氣餒。

眼看政治的進步難有實質意義，傑佛遜意識到，如果經濟進步無法配合，那政治進步也就失去了必要。他開始認真思考如何推動真正的重建工作。這位來自阿拉巴馬州的儒雅農夫，

深知政治家如果無法關注百姓的生活實際，對於統治全世界也難有成就。

回首法國大革命前，貴族與平民地位懸殊，一類有資格乘坐四輪大車，另一類只能赤足前行。那些貴族早在童年就接受了這種社會秩序，而平民也習慣於此。直到十八世紀，啟蒙思想家質疑了這種固有的不公平，但貴族階層卻根深柢固，無法接受改變，最終導致革命的爆發。

傑佛遜深諳這一歷史教訓。他明白，如果經濟發展不能讓普通百姓有所改善，那麼政治進步的意義也將失去。因此，在重建的關鍵時刻，他下定決心要在經濟建設和政治改革之間找到協調平衡。憑藉其富於建設性的精神，廣博的學識及深厚的民意基礎，傑佛遜必將引領美國走向更加繁榮富強的未來。

傑佛遜總統一直堅信國家的未來都寄託在農民身上。他擔心工業的發展會形成一種危險的城市優勢，因此他始終堅持發展農業計劃，而不是像其他黨派那樣急切地建立強大的中央集權政府。

在他的理念裡，即使已經獲得政治自由，人民要真正享受到尊嚴和幸福，關鍵在於提高產量，讓生產足以滿足人們的需要。他認為，只有這樣，普通人才能獲得更多的生活必需品。儘管有人認為他的想法可能並非完全正確，但在和平時期，沒有受到戰爭威脅的情況下，他堅持自己的理念是可以被理解的。

此外，傑佛遜還注意到一個現實問題，即使法令賦予農民

乘坐馬車的權利，但他們卻無法負擔相關費用。這意味著，即使在理論上擁有權利，實際上他們仍然無法享受到。因此，他意識到如果要讓老百姓真正享受到最近得到的尊嚴，除了提高產量外，還需要解決貧富差距的問題。

儘管命運對傑佛遜一直很眷顧，讓他得以順利實施自己的理念，但他並不是一個固執己見的基督徒。相反，他更多地從哲學家那裡尋求慰藉，如馬可？奧勒列烏斯和堂吉訶德。這顯示出他是個開放思維、審慎行事的政治家，而不是一味高調宣揚自己的理念。

新大陸的征服者
——拿破崙與路易斯安那的兼併

在三年以前，拿破崙作為典型的法國人，深受其祖國法語的影響，視野局限於法國疆域。然而，他卻具有超凡的軍事策略眼光。拿破崙深知，控制紐奧良這個咽喉要道，就能掌控密西西比河，切斷從西部地區運輸而來的農產品與皮毛，對美國西部地區的發展構成嚴重威脅。

就在拿破崙準備占領新領土的同時，這一祕密交易的訊息也傳到了美國總統傑佛遜的耳中。作為開拓者，傑佛遜深知密西西比河對這些拓荒者的至關重要。如果紐奧良落入西班牙這樣的弱小國家手中，問題尚可解決。但如果被拿破崙這樣的軍

事強人把控，整個美國西部地區將永遠淪為他的囊中之物。

於是，傑佛遜不得不在聯邦黨人的反對聲中，權衡利弊，最終下定決心，「以最快的方式將這片新領土併入自己的版圖」。後來的路易斯安那購地，不僅讓美國版圖得到重大擴張，也為日後美國的強盛奠定了重要基礎。與此同時，這一決策的制定，更凸顯了傑佛遜高瞻遠矚的政治智慧，以及對國家長遠發展的深遠眼光。

▎歷史性交易，傑佛遜與路易斯安那購地案

作為一位真正的民主主義者，傑佛遜十分反對祕密的外交手段。但是這個問題實在是太棘手了，所以他還是選擇謹慎處理。因此，他請自己的好朋友詹姆斯·門羅前往巴黎，看看能否說服法國將其在美洲的利益出售給華盛頓。門羅啟程前往巴黎執行任務，但在他抵達之前，這筆交易已經完成了。這次，正好有一個合適的人在合適的位置上。美國駐法國大使羅伯特·R·李維頓是一位出色的外交官，他早就開始遊說法國出售紐奧良及其周邊領土給美國。在這個過程中，社會上流傳的各種流言蜚語也發揮了很大作用。這些流言可能會在法國和英國之間引發一場新的戰爭，一旦爆發，將會使法國失去其殖民地。因此，一些措辭非常巧妙的宣傳物問道：「還是趕快把那幾平方英哩的蠻荒之地賣出去吧！還可以換一些錢，難道不比以後失去

它們而一無所獲要好嗎？」很多美國人都願意為奪取紐奧良而開戰，因為那裡有很多美國人的貨棧。高傲的法國人更願意從商業角度來看待這個問題，而不是從軍事角度。最後，拿破崙的財政大臣馬爾布瓦剛好遇到了需要籌集明年經費的問題。當得知門羅乘坐的船即將抵達法國，帶著大量金幣時，他立即向第一執政官拿破崙報告了這一情況。拿破崙隨即派遣外交大臣塔列朗與李維頓就出售路易斯安那的事宜進行談判。在這種機遇巧合下，最終這個歷史性的交易得以完成。

自由與重生，美國領土擴張之路

　　李維頓和門羅兩位美國外交家在巴黎進行了一番艱難的談判，最終以六千萬法郎的價格買下了整個路易斯安那。這一交易不僅使美國的領土面積翻了一倍，而且以平均每英畝 4 美分的低價完成，可謂是歷史上一筆相當划算的買賣。

　　即使這個交易令人振奮，卻也引起了一些聯邦黨人的反對。他們批評這個交易是非法的，甚至威脅要退出聯邦，另組新英格蘭邦聯。然而，民主共和黨人最終還是能夠在國會裡強行透過這個法案。此外，漢密爾頓和伯爾之間的激烈爭論最終也以決鬥漢密爾頓去世的悲劇收場。

　　在領土擴張的同時，美國內陸地區的探險隊伍也開始探索未知領域。維吉尼亞人路易士和克拉克，一路考察密蘇里河，

翻越洛基山脈，抵達太平洋沿岸，創下了驚人的成績。另一位勇士蒙哥馬利・派克，也在密西西比河源頭展開了首次勘查。這些勇敢的探險家，在艱難險阻中走向未知，不僅為國家增添了新的版圖，也為美國人民揭開了一幕幕神祕而壯闊的歷史篇章。

美國這段時期的快速發展，無論是外交手段，還是實地探索，無疑成就了一個新興自由國家的重生。廣闊的領土，勇敢的先驅，加上政治智慧，共同塑造了美國這個昔日英殖民地，如今屹立於世界強國之林的曲折歷程。

一場兩國爭霸的世界大戰

一場兩國爭霸的世界大戰

波拿巴將軍迅速吞噬了從北美獲得的意外之財,展現出濃濃的義大利風範。他自視為查理曼大帝的繼承人,在教皇庇護七世勉強同意的情況下,戴上了法國國王的王冠。這一舉動引起了其他歐洲列強的震驚,北歐和西歐的皇帝、國王聯合起來準備應對。

法國皇帝波拿巴的每一步晉升,都將釀成慘烈的戰火。這場由法國、俄國、奧地利、瑞典、英國等40多個國家參與的大戰,必將影響到從新西蘭到哈默弗斯特,從巴芬灣到開普敦的廣闊地區。即使美國決意保持中立,這樣一場牽涉全球的衝突,也難免會產生不可預料的影響。

這場戰爭的局勢十分複雜。英國在特拉法爾加擊敗了法國海軍,而拿破崙在奧斯特里茲擊潰了反法聯軍。兩國勢力在海陸上各有長短,互相牽制。英法雙方無法正面對抗,只能轉而犧牲小國利益,試圖間接打擊對方。

兩大強國爭霸的世界大戰,已經悄然而至。各國都緊張以待,準備迎接這場將影響整個地球村的激烈衝突。世界格局正在被徹底重塑,一個新的時代正在悄然到來。

中立的代價

當1806年英國宣布封鎖整個歐洲西部時,拿破崙隨即下令對英倫三島進行封鎖,這迫使中立國家不得不在法國與英國這

兩大海上霸權之間做出選擇。作為一個尚未完全獨立的年輕國家，美國正陷入前所未有的困境。

由於法英兩國都急於獲取美國提供的物資以維持戰爭，因此展開了激烈的貿易競爭。英國提出了一個折衷方案，允許美國商船前往法國，但必須在英國港口停靠並繳納稅款。然而，拿破崙不肯就範，宣稱凡持有英國許可證的船隻都將被視為敵國船隻。這導致了美國商人巨額損失，有人建議向英或法宣戰。

但傑佛遜總統堅持和平立場，不願意捲入這場糾葛複雜的戰爭漩渦。他深知美國作為弱小的中立國家，若擅自參戰必將陷入更艱難的境地。因此，他採取了迴避和隱藏軍力的策略，希望能夠緩和兩大強權的衝突。

然而，這種被動的中立政策也付出了沉重的代價。美國商人遭受巨大損失，公眾輿論高呼要宣戰，政府難免會受到質疑。在國際局勢動盪不安的背景下，傑佛遜總統不得不審慎權衡，努力找到維護國家利益的最佳出路。他相信，只有不捲入戰爭，美國才能在歷經這個艱難的時期後，真正獨立和崛起。

禁運與通商法令，美國貿易政策的困境

湯瑪斯・傑佛遜作為一位睿智的哲人，深知美國不應輕易捲入戰爭，但同時也不願意眼睜睜看著自己的國家貿易權益受到侵犯。為了迫使英法兩國遵守國際規則，不再干擾美國商人

的活動，傑佛遜於 1807 年下達了一道命令，要求所有美國船隻必須停靠國內等待進一步通知。他向巴黎和倫敦傳達了這一訊息，表示除非兩國政府做出鄭重承諾，否則一粒美國糧食和一包棉花都不會被運往歐洲。

這個禁運計劃本意是好的，但卻未能產生預期效果。誠實的商人很快就陷入了破產，而其他人則開始了非法走私活動，從中獲取了高額利潤，大部分都落入了中間商的口袋。與此同時，西部農民、伐木工人和沿海船員也遭受了前所未有的困境，紛紛要求政府廢除禁運法令。

為了緩解國內的壓力，傑佛遜隨後又頒布了「中止通商法令」，禁止與英法兩國的一切貿易，但允許與所謂的「中立國」進行交往。然而，他並不了解當時歐洲的真實情況，這些所謂的「中立國」早已失去了真正的主權，美國人的商業活動依然受到干擾和破壞。

此外，公海上美國船員和英法武裝人員之間的衝突也不斷更新，迫使美國不得不在外交場合花費大量心力，企圖維護自己的「絕對中立」地位。可以說，傑佛遜的這些政策措施，最終都沒能有效阻止戰爭的爆發，反而令美國陷入了一種前所未有的困境之中。

貿易爭端中的美國國家利益

即使在這個時候，如果不是人們熟知的臭名昭彰的英國古老的「抓壯丁」制度，三個國家原本可以透過外交斡旋來協調解決這些問題。根據中世紀法律的觀念，君主既然擁有發動戰爭的權力，自然也有採取一切必要手段獲得足夠軍隊的權力。英國君主最常用的手段就是徵召囚犯及強行扣留商船船員。這種行為引起了美國船東的強烈不滿，因為他們無法判斷一個人的國籍，很容易被誤認為是英國人而被扣押。

面對這種惡劣的貿易環境，傑佛遜總統不得不考慮棄守首都，暫時遠離政治風暴。他在位期間為這個新興共和國做出了重大貢獻，但同時也遭受了惡意中傷和詆毀。雖然有人建議他連任三屆，但他堅持回歸田園，將國家大事交給了更加務實的國務卿詹姆斯·麥迪遜。

相比傑佛遜的理想主義，麥迪遜更多地受到了現實的考量。作為長期的國務卿，他清楚地意識到，英國和拿破崙所代表的大國，並不會真心關注美國人的貿易權利訴求。除非美國能夠擁有足夠的海軍力量，否則他們的霸道政策很難改變。因此，美國需要在貿易爭端中維護自身的國家利益，這需要建立強大的軍事力量作為支撐。

哈特福郡會議與新英格蘭分離危機

當美英兩國陷入戰爭的深淵時,新英格蘭地區的反應與眾不同。長期以來藉由走私活動牟取暴利的他們,在禁令與斷絕通商的政策下,開始面臨前所未有的危機。

面對國會的命令,他們毫不留情地指責南方和西部諸州,說他們「沒有任何正當理由就把國家拖入了一場戰爭」。新英格蘭地區的報紙更是直白地呼籲拒絕執行聯邦的命令,他們決心另闢蹊徑,走上追求獨立的道路。

在哈特福郡的會議上,來自新英格蘭各州的代表們透過了一項完整的計畫,決定成立一個獨立的新英格蘭邦聯。他們在這次關鍵時刻選擇了與聯邦對抗的道路,這無疑是對建國父輩們的背叛,也顯示出新英格蘭人「唯利是圖」、缺乏愛國精神的一面。

這樣的做法無疑會引起華盛頓政府的不滿,並加劇新舊殖民地之間的緊張局勢。此時,英國在作為宗主國的影響力仍在,他們或許會趁機煽動新英格蘭的獨立運動,以期從中圖利。當前局勢的不確定性正暗示著一場新的危機正在醞釀。

這樣的激烈對抗能否化解,恐怕需要新的智慧和勇氣才能化解。否則,這場注定悲劇的戰爭將會持續下去,撕裂美國這個年輕的國家。

和平與勝利的代價

在這場持久的戰爭後，雙方都已經筋疲力竭，不再有任何繼續戰鬥的興致。美國雖然在海戰中取得了一些勝利，但在陸地上卻屢遭挫折。底特律的投降、華盛頓的淪陷、英軍在馬裡蘭的肆虐，都造成了沉重的打擊，使愛國者的熱情逐漸冷卻。英國也因多年的拿破崙戰爭而瀕臨崩潰，國內民眾陷入貧困。戰後，英國的海軍出現過剩，不再需要強徵外國水手。

在這種情況下，真正的勝利並非來自軍事對抗，而是來自和平的達成。歐洲的和平為美國帶來轉機，打擊了英國的力量，使其不得不收回兵力。同時，長期戰爭消耗了雙方的資源，使他們無力再繼續對抗。戰時的屈辱和慘痛，最終換來了戰後的綏靖。這一過程固然艱難，但也證明了和平的重要性。

這場戰爭的經歷告訴我們，即使取得軍事勝利，最終也需要透過和平談判來獲得持久的勝利。戰爭只會帶來無窮無盡的災難，而非真正的成果。只有透過互相妥協，以和平的態度解決分歧，才能真正實現雙方的利益。這場戰爭的教訓，必將成為未來外交談判的重要指引。

| 一場兩國爭霸的世界大戰

根特條約與紐奧良戰役，美國自由的崛起

經過一番耗時艱辛的外交談判，美、英兩國最終於 1814 年 12 月 24 日在荷蘭根特市簽署和平條約，結束了長達數年的戰爭。儘管這項條約並未改變戰前局勢，但卻在兩國間創造了一份休戚與共的新關係。

此時距離紐奧良戰役勝利的訊息還未傳到大洋彼岸，英軍已被年邁上將傑克森徹底擊潰，被迫離開路易斯安那州。這戰果雖未改變根特的和談結果，卻給美國人民帶來了前所未有的自信和希望。從此，那些引領國家度過危難時刻的英雄人物，開始受到眾人景仰。

這代表著美國人民思想的一個重大轉變。此前，多數人還習慣從宗主國的角度看待問題，對新生的自由國度尚不能完全理解。但如今新一代的愛國者已經崛起，他們從未親歷歐洲列強的統治，對那些造成國家遭殃的歐洲國王和大臣們深感不齒。這種複雜的情感，孕育出了一股抗爭的民族精神：堅決與歐洲大陸割裂來往，獨立自主地開拓西部，尋求新的出路。

直到 1814 年，經歷了最後一次慘烈的爭戰，美國平民終於真正成為了自由公民。他們告別了歐洲給他們帶來的麻煩，滿懷勇氣面向西部的廣袤大地，那裡蘊含著嶄新的生活和希望。美國人民這樣一步步走向自由，實現了民族獨立。

新大陆上的新思潮

新大陸上的新思潮

1809年的一個初春日子，一位年輕人抵達了美國，他就是來自委內瑞拉的西蒙・玻利瓦。這個26歲的富家子弟，正在尋求新的啟迪與契機。

玻利瓦在巴黎求學期間，曾目睹大革命中光明與黑暗並存的景象。如今，他希望能夠深入了解美國革命開創的政治體制是如何運作的。他打算回到自己的祖國，看看能為人民做些什麼。

當時，各地普遍流傳著對殖民地國家的不滿的言論。自從法王路易十六被處死後，世界陷入了一片動盪不安。玻利瓦決心要從自己的立場出發，去探究這些關於獨立和自治的呼聲背後的真實意涵。

18世紀，正值南美洲大部分地區仍隸屬於西班牙，而西班牙則與法國結成了密切聯盟。這一政策間接地為美國的獨立事業做出了貢獻，但也引起了英國的敵意。在特拉法加海戰中，西班牙和法國艦隊幾乎全軍覆沒，此後西班牙與美洲殖民地的連繫陷入了中斷。

不過，如果英國希望殖民地居民趁此機會宣布獨立，恐怕會大失所望。因為新的西班牙並非新英格蘭，所以他們對宗主國的忠誠並非出於被迫。當拿破崙逼迫斐迪南七世退位時，他們拒絕服從新任總督，而是建立了一系列自治政府，等待國王結束流亡，屆時他們將會自豪地宣稱自己是最忠誠的臣民。

這個故事頗有些複雜，但卻展現了一個重要的真理：我們

都是這個小星球上的匆匆過客，難免會受到鄰居命運的影響。在這個瞬息萬變的時代，新思潮正在南美發酵，必將掀起重要的歷史變革。玻利瓦的訪美之行，無疑將成為這一過程的關鍵一環。

南美獨立運動，從葡萄牙王朝到克里奧爾人的覺醒

在 1807 年，一位合法的葡萄牙君主逃到里約熱內盧，建立了自己的王朝。這讓巴西從殖民地變成了王國，再變成帝國，南美人民因此產生了自尊的感覺，這在以往的總督統治時期是沒有的。

戰後，如果西班牙有更明智的統治者，說不定其南美殖民地就不會如此輕易地失去。正是這些殖民地的變遷，開啟了南美獨立運動的序幕。克里奧爾人——那些在殖民地出生的白人後裔，逐漸覺醒了自己長期被邊緣化的政治地位，他們對殖民者的剝削感到不滿。年輕的玻利瓦是克里奧爾人家庭的代表，他勇敢而慷慨，但也有不足以成功領導複雜反抗活動的缺陷。

在北美，華盛頓和亞當斯能夠為人民利益而團結奮鬥，但在南美，各方勢力並不相容。然而就在這樣艱難的環境下，玻利瓦和聖馬丁仍然成功發起了爭取獨立的運動，這場運動從 1811 年的委內瑞拉革命一直持續到 1823 年墨西哥的脫離。

儘管西班牙盡全力想要收復失地，但正值法英大戰，他們的艦隊和財政都已嚴重衰弱。最終在民眾普遍厭倦戰爭的背景下，南美殖民地一個個獲得了獨立。這段歷程雖艱辛，但卻代表著殖民地人民政治意識的覺醒，為這片大陸的未來發展注入了新的活力。

神聖同盟的幽默喜劇

奇妙的是，在拿破崙垮臺之後，俄國卻提供了一些不可或缺的喜劇性元素，成為這場大規模反抗運動的調和劑。主角便是一位名叫亞歷山大‧保羅的年輕人，他不幸成為這個粗俗世界「罪惡良心」的犧牲品。

現在，他被一位多愁善感的中年條頓男爵夫人所迷惑，這位夫人能夠看見幽靈，而且擅長接受「新思想」。然而，1815年的「新思想」與1927年的截然不同，但依然模糊晦澀，卻足以給像亞歷山大‧羅曼諾夫這樣的二流人才留下深刻印象。

最後，這位全體俄羅斯人的專制君主宣稱自己是上帝意願的奴僕，並以救世主自居，提出了一個奇特的政治構想——組建所謂的「神聖同盟」。根據這項極其激烈而嚴肅的協定，俄、奧、普三國君主宣稱接受神聖的正義、仁愛和平的教義，並相互提供互惠服務，自稱為臣民和軍隊的父親，邀請所有其他君主一同享受這種偉大的榮耀。

當這種胡說八道在中學生聯誼會或祕密會議中盛行時，倒也無足輕重。但問題在於，當擁有三百萬大軍的俄羅斯沙皇開始用甜言蜜語大談兄弟之愛時，正派人士怎能不提防他手中的槍炮？

唯一對這種帝國貿易聯盟持有懷疑態度的，是不受成文憲法條文束縛的英國政府。英國人往往擅長掩飾和拖延，在外交事務上較其他國家新人更加適合勝任。究竟這樁神聖同盟的喜劇將走向何方，實在難以預料。

門羅宣言的誕生，美國與歐洲列強的對抗

英國外交官或許不是無可挑剔的政治家和外交家，但他們深知英國過去 500 年取得商業成功的關鍵所在是理性的對內對外政策。他們從不為感情用事，而是冷靜地追求每一英鎊、每一先令、每一便士的利益。因此，當神聖同盟發出天花亂墜的愚蠢言論時，唐寧街的智者們只感到憤怒和不安。當被熱情邀請加入時，他們禮貌地拒絕，由國王親自簽署表示英國完全贊同但仍然保持超然。

至於美國，沙皇是否曾向華盛頓寄去過類似檔案已不可考。但可以確定的是，美國人要嘛是叛逆分子，要嘛是叛逆者的後裔。自尊的亞歷山大是絕不會以平等的眼光看待他們的。反之亦然，美國人對神聖同盟的所作所為也只是一種好奇的另一種表現罷了。

接下來的日子可謂是極其不利。西班牙國王的軍隊被趕出南美，連首都都不再安全。法國國王應邀越過庇里牛斯山脈，協助西班牙國王收復權力，神聖同盟自然不會置之不理。有人更建議法國國王跨越大西洋，幫助他在美洲收復脫離的殖民地。這種建議本身就讓人不安。俄國在阿拉斯加的活動，對美國來說更是雪上加霜。沙皇下令禁止任何外國船隻進入，這無疑是對美國的挑釁。

面對這些挑戰，英國外交官顯然難辭其咎。但他們也不能直接向神聖同盟發出抗議，否則無異於公開表態。於是美國國務卿坎寧在大洋彼岸暗地裡進行了一番「竊竊私語」，建議美國人採取一切可能的手段阻止西班牙的復仇。在與內閣商議後，門羅總統在 1823 年 12 月 2 日向國會發表警告，宣稱危害美國利益的時代已經結束，美國的勢力範圍將永遠存在。這無疑是一個相當大膽的舉措，後果很難預料。但相比其他想當總統的人，門羅更有資格勝任此職。他早已知道低調做事的好處。

建立新的世界秩序

美國在獨立戰爭後迅速崛起，與南美殖民地的叛亂爆發不謀而合。英國想要重新征服這些地區，但美國國務卿坎寧卻鼓勵南美殖民地挺身而出，以維護自身利益。美國總統門羅亦在 1823 年對歐洲國家發出強硬警告，宣示美國在本地區的勢力範圍。

這個時期所發生的種種重大事件，無疑是在建立一個新的世界秩序。從聯邦黨的衰落，到西部和南部地區的深刻變革，整個國家的生活方式和思維方式都發生了根本性的改變。

雖然這些變革在東部地區並不明顯，但在西部和南部卻顯得異常明顯。拓荒者們展現出了獨立思考和行動的精神，他們粗獷豪爽但又謙恭有禮，對於平等和言論自由都堅持不懈。這種」美國人的「生活哲學，無疑展現了這個新興強國的特質。

此外，英國商人也深受南美殖民地叛亂的打擊。他們期望美國能夠直接向歐洲國家提出抗議，以阻止西班牙再次征服這些地區。這一諒解與行動，無疑將進一步鞏固美國在新世界的地位和影響力。

我們不得不感嘆，這個時期美國正在建立一個嶄新的世界秩序，既改變了殖民地的命運，也深刻影響了歐洲權力的平衡。這一新的格局必將成為今後幾十年甚至一個世紀的基調。

開拓者的孤獨，西方移民建立新文明

在探究區別之處時，讓我們暫且拋開對西方國家移民的刻板印象。事實上，英國、俄國、法國和荷蘭的拓荒者，不論前往西伯利亞、印度、婆羅洲還是非洲，都是獨立於主流社會之外的少數群體。他們生活在由異族組成的環境中，成為了唯一的白種人。然而，這並不意味著他們孤立無援。相反，他們緊

緊地與祖國連繫在一起，這條生命線成為了他們避免迷失於無盡孤獨之中的支撐。

為了保衛這條生命線，他們不惜付出一切代價。他們深知，一旦失去了這條連繫，便會成為徹底的流浪者，無依無靠。對於這些開拓者來說，孤獨並非他們所面臨的最大挑戰。他們的生活固然艱難，但充滿了砍除大樹、驅趕蚊子、清理石頭以及照顧生病牲畜等務實問題。但他們並未將孤獨視為什麼大事。因為在這片廣闊的未開發之地，成千上萬擁有相同目標的人正在共同開拓，共同奮鬥。這種集體經歷賦予了他們特殊的「集體孤獨」體驗。

縱使嚴格上來說，這些拓荒者確實是與世隔絕的人，但他們並未被各種古老的恐懼所困擾。相反，他們毅然斬斷了將自己與文明連繫的生命線，開始建構屬於自己的生活規劃。這些原始的共同綱領，最終將成為這些新開拓地區的不成文法。這些先驅者用自己的意志和汗水，締造出了一片嶄新的文明。他們的獨特經歷，無疑反映了人類精神戰勝孤獨，開創新天地的偉大歷程。

美國精神的形塑，從邊疆到建立民主時代

如果您能夠認可對這種邊疆精神（最終成了美國精神）發展過程的註解，您就會開始理解為什麼一種建立在如此眾多美

德之上的哲學會不斷遭到那些千奇百怪和令人無法容忍的偏見的破壞。這些偏見在世界的其他地方正在迅速消失，而拓荒者們卻將這些偏見重新納入他們自己的思想和行為方式的典籍之中。但這是一種自願流放生活的必然危險。

對於那些來自草原某一個偏遠村落的乏味手稿，每一個出版商、每一個圖書館工作人員都非常熟悉。那些表面看來好像是他們終生潛心研究的結果，但是其中所揭示的資訊卻可以在兩三百年前發表的著作中就能找到。這種情況實際上所造成的損失並不會很大。出版商因此寫了一封委婉的信，而在距離大城市有三四天路程的窮鄉僻壤，早就希望能夠名利雙收的作者，已經開始著手準備自己的葬禮了。

但是，如果那些占有全部糧食、全部木材、全部銅礦和大部分煤礦和石油的人都自命為新時代的預言家，並且堅稱他們在孤立的社區中流行的行為和思想準則，將來一定會成為一個經歷了不同發展階段的世界的基本準則，那麼這個問題就嚴重了。

邊疆人民曾經與華盛頓並肩戰鬥，曾經是傑佛遜志同道合的戰友，曾經為把十三個小殖民地變成一個強大的國家而努力。他們認為自己是整個世界文化理想的一個組成部分。20和30年代的新拓荒者以另外一種眼光來看待自己，他們希望自己能夠成為優秀而忠誠的好公民。但是，他們堅持按照一種」優秀」和「忠誠」的理想：這個國家寧願與世界上的其他部分進行

隔離，寧願用動物的油照明也不願意使用煤油燈。他們對自己信仰的優越性堅信不移，希望有朝一日能把這種美好的福音傳送給他們北部和東部的鄰居。

於是傳播這種新信仰的重任就落在了幾個微不足道的先知的肩上。建立一個真正的民主的預言家的時代已經來臨了。他在 1824 年嶄露頭角。他作為邊疆地區候選人競選美國總統。他就是我們的老朋友、紐奧良的英雄 —— 安德魯・傑克森。

新時代的曙光

新時代的曙光

　　權力的更迭從來都不是一件平順的事。1824 年的總統大選成為了新舊時代交替的象徵。作為新興的政治力量，安德魯・傑克森雖然在票數上略遜一籌，但支持者們並不肯接受失利的事實。他們用震耳欲聾的咒罵聲反駁那些投票背信棄義的選民，因為在他們看來，傑克森既然是」人民的選擇」，那麼投票的結果就是上帝的旨意。

　　早期美國政壇上的六任總統都是貴族出身，學識淵博，舉止優雅，與民間經常保持距離。他們被視為塑造共和國，制定憲法的元勳，是令人尊敬的統治者。但傑克森卻不同，他出身於邊疆小農，性情粗獷，曾經親身經歷過戰爭的洗禮，對英國更是恨之入骨。他憎恨一切與君主制相關的東西，對華盛頓將軍的政策持完全不同的立場，甚至還公開支持過被視為叛徒的小阿龍・伯爾。

　　在離開華盛頓等文明地帶之後，傑克森過著忙碌而充實的生活。他協助田納西州制定了憲法，並在司法與行政領域有所建樹。即便他脾氣暴躁，與他人多次爆發決鬥，甚至有殺戮對手的案例，但他仍被視為美國未來的領導人之一。

　　最終，1824 年的總統大選中，作為新興政治力量的傑克森雖然在票數上略遜一籌，但支持者們並不肯接受失利的事實。他們用震耳欲聾的咒罵聲反駁那些投票背信棄義的選民，因為在他們看來，傑克森既然是「人民的選擇」，那麼投票的結果就是上帝的旨意。這一事件成為了新舊時代交替的象徵，預示著一個新的政治時代即將來臨。

傑克森的奮鬥歷程

傑克森將軍在南方的一系列戰爭取得了勝利，鞏固了他在軍中的地位。他熟悉當地地形，率軍占領了英國人希望的補給基地佛羅里達。接著他擊敗了英國遠征軍，解救了紐奧良。但他卻在此時與聯邦法官發生嚴重衝突，幾乎陷入蔑視法院的官司糾紛。

接下來，他又投身於對印第安人的戰爭中。佛羅里達半島名義上屬於西班牙，但實際管理混亂，成為了匪徒的藏身之地。最後傑克森越境追擊塞米諾爾人，並占領了佛羅里達。這一行為引發了華盛頓方面的不滿，但最終佛羅里達以 500 萬美元的價格被賣給了美國，而傑克森也被任命為這片新領土的軍事首腦。

在此期間，傑克森再次與聯邦法官以及其他官員發生激烈衝突。但他仍獲得了眾多民主黨人的支持，在 1822 年總統選舉中最終以 99 票對 84 票壓倒性戰勝對手。然而，由於沒有任何候選人能夠獲得絕對多數，最終決定權還是落到了眾議院。當亨利‧克萊要求支持者轉投亞當斯時，傑克森未能如願進入白宮。

傑克森堅信自己遭到了東部貴族的欺騙和剝奪。他回到了自己的「隱居地」，準備在 1828 年的選舉中發動反擊。這次他席捲了南部和西部各州，並透過地方擁護者的幫助，還獲得了費城和紐約的大部分選票。最終傑克森以壓倒性的優勢贏得了勝利，以其獨特的個性和作風進入了白宮，成為了真正的獨裁者。

安德魯・傑克森，邊疆精神與美國民主

傑克森並非全然是保守派的代表，而是一位具有獨特邊疆精神的開拓者。他擺脫了傳統貴族政體的限制，以嶄新的民主原則統治著美利堅。但這並非意味著可以輕易復歸州權凌駕於聯邦之上的舊日時光。相反，在傑克森的統治下，華盛頓更像是一座帝國的首都。即使他對美國銀行的不信任和猛烈抨擊，也無法推翻資本主義的地位。那些以農業為經濟命脈的州企圖在自己的領域宣布豁免關稅，立即就遭到了聯邦軍隊的威脅。

人們也許會對傑克森缺乏社交禮儀和粗魯行為感到震驚，但這不過是表象中微不足道的缺點。相比之下，他為美國所做出的卓越貢獻更加彰顯。即使當時的人們更傾向於聽信湯瑪斯・傑佛遜的評論，譴責紐奧良英雄的頭腦糊塗，但事實上正是在傑克森的統治下，白人最終掙脫了古老的農奴制枷鎖，獲得了真正的自由。

這種民主的力量不但在美國發揚光大，更激勵著世界各國人民掙脫專制統治，重建代議制政府。雖然民主記憶體在著平庸、無知和低效率的弊端，但它也釋放出專制政體所無法比擬的熱情與活力。傑克森的獨特見解和果敢行動，無疑為這一民主偉業做出了卓越貢獻，成為新紀元的曙光。

傑克森的執政之道，民選政府的現實

傑克森的施政作風確實充滿了魯莽和爭議。當他被激怒或猜疑時，他可能會採取一些對國家利益不利的政策。但是，我們也不能否認他的務實作風為美國和世界帶來了一些重要啟示。

傑克森證明了，一個民選政府同樣可以成功治理一個帝國，儘管過程可能不會那麼一帆風順，效率也不會特別高。但它至少使政府行政管理成為一件相當嚴肅的事情，並確保普通人在自尊和獨立方面的投資能夠獲得更多的回報。

這個問題很難得出確切的結論，因為各方面的證據和觀點都存在差異。特羅洛普夫人曾經不得不出售自己的高筒皮靴和髮夾，以應對這個所謂的「偉大民主政府」。她對此感到無法忍受，難以理解這個政府有何值得讚揚。

但是，托克維爾伯爵卻有不同的看法。他並非來自債務監管或法國布魯日臭氣熏天的寄宿處，但他仍然認為這場」奇特的政治實驗「值得注意。他是對的，這個民主政府確實有它獨特的地方，值得我們深入思考和借鑑。

傑克森的施政或許不完美，也可能帶來一些消極的影響。但他畢竟為這個年輕的民主國家樹立了一個務實的政治典範，讓人們看到民選政府同樣能穩健地治理一個帝國。這無疑對後世產生了重要的啟示和影響。

新時代的曙光

美國文學的悲劇根源

可憐的雜耍演員和無用的吹笛手！他們的生活並不是十分快樂，說實話，他們也並不是那麼令人開心。同時代人對他們不夠尊重，後人在觀看他們乏味的表演時，會聳聳肩說：「就像我們國家思想發展過程中的一個篇章，是十分有意思的，但實在是太枯燥乏味了！」

要客觀、公正地評價新共和國的文學藝術狀況，我們必須追溯到三百多年前。文藝復興如同上帝投入人類波瀾不興的池塘中的石頭，激起了漣漪，漣漪擴散到整個水面，最終到達池塘的每一個角落。它們離開中心越遠就越微弱，但絕對不會完全消失。它們可能不會掀起軒然大波，但肯定會在某種程度上改變池塘表面的平靜，雖然是微不足道的。

文藝復興使人們把目光從未知的天堂和未知的快樂上轉移，而緊緊地盯著這個最實實在在、在地球上實現歡樂的可能性。它從義大利起源，跨過阿爾卑斯山，影響範圍不斷擴大，直到歐洲大陸上的幾乎每個國家都感受到這種讚美人性的新福音。

但就在文藝復興徹底征服英倫三島之前，馬丁・路德和約翰・喀爾文出現了，將一噸有爭議的磚塊扔進了新人類的美好池塘，掀起了軒然大波，影響一直延續到今天。由於歷史的一個奇特轉折，一個階層一直沒有被燦爛人生的新理想所影響，他們幾乎完全屈從於宗教改革的影響。正是這個階層的人來到了北美殖民地，把自己的道德準則以及人生趣味和行為方式強加給了整個社會。這或許就是美國文學悲劇性的根源所在。

文明的阻滯，17-18 世紀美國對藝術的態度

在法國大革命的風暴席捲之際，即便是當代最偉大的化學家拉瓦錫也未能倖免。他的朋友們請求法庭寬恕他的死刑，卻被那位大人物蔑視地回答道：「共和國不需要科學家。」這種對學術和藝術的排斥，是 17-18 世紀新英格蘭清教徒社會的普遍心態。

在這片土地上，喀爾文派牧師們以鐵腕統治，對那些不從事工廠或辦公室勞動的人，包括畫家、雕塑家和作家，持有強烈的偏見和輕蔑。他們並未像對待革命中的拉瓦錫那樣砍下這些人的頭顱，只是藉由漠視和壓制的方式，將他們排斥在社會之外。這些偏見也展現在對建築藝術的評判中，雖然木匠和石匠們仍在建造一流的房屋，但卻永遠受到喀爾文派的拘束和偏見。

在這片被信仰所壟斷的土地上，廣義的文學被視為膚淺的，音樂和戲劇更是受到猛烈的排斥和譴責。即便是」莎士比亞「之名一出，也能引起沾沾自喜的信徒們的一陣發抖。在這種缺乏美感享受的生活中，信徒們唯一能找到情感宣洩的出口，便是充滿恐怖和施虐狂想的「獵巫運動」。

除了極少量的本土著作外，17-18 世紀的美國人對藝術文化幾乎沒有作出任何貢獻。但這種狀況必將改變。當國內的年輕人開始離經叛道，那些控制著人們心靈的獨裁者們，就要開

始面臨殊死的搏鬥和頑抗。雖然在這個轉折期，美國的文明中心已轉移到了西部，但那些拓荒者們也不可能視藝術為無用之物。於是，在一代之後，歐文、霍桑、庫珀等人終於回應了「誰會去讀一本美國書」的譏笑，為美國文學寶庫做出了新的貢獻。

藝術家的困境，愛倫·坡與 19 世紀美國文學的艱辛

即使在那個時期，對於一個沒有獨立財產的人來說，依靠純文學創作謀生是不可能的。人們對洛威爾、歐文和庫珀等作家表現出尊重，不僅因為欣賞他們的付出，也因為他們優越的社會地位。而一位傑出的藝術家愛倫·坡終於出現，他的獨創性和精工細琢的藝術造詣可以說是當時無出其右。然而，愛倫·坡本人卻是一個桀驁不馴、性格反覆無常的人，注定了他孤獨淒涼的一生。

對於那些擁有如此豐富創造力的年輕人來說，面臨的困境是，他們缺乏宣洩思想和藝術熱情的空間。自西部冒險到投身鐵路建設，年輕人或許能找到自身價值的所在。但若這些體面的出路也失敗了，他們只能依賴那個時代唯一具備一定文學氣質的職業——新聞從業。從凱撒創辦的第一份報紙開始，人們對報業寄予厚望，希望它能報導一些偉大光榮的事物，推動普通民眾的文化教育，促進民主的進步。然而，事實往往令人失

望，許多報紙最終成為了昏塞民智的工具，而不是公正客觀的討論平臺。

對那些有一番抱負，但無法單純靠文學維生的年輕人來說，教師職業是另一個出路。雖然普通學校仍然相當簡陋，大學也多帶有神學院的痕跡，但這仍然是一條可供選擇的道路。可惜的是，那些因獨立思考而受到詛咒的人並不是他們所追求的教師形象。正如愛默生等人所說，在殖民地和共和國初期，文學藝術的環境並非一幅令人愉悅的景象。這些懷抱理想的人，往往最終要面臨著生活的殘酷和艱辛，有的人甚至會走向酗酒甚至自殺的悲慘下場。只有極少數堅韌者堅持了下來，堅持在寂寂無名的環境中，讓一些不起眼的思想在頑固的土壤上茁壯成長。他們或許沒有留下什麼可觀的業績，但卻為日後的美國文學累積下寶貴的基礎。

聖安納總統的失策與墨西哥的覆亡

美國的軍事擴張對墨西哥而言是一場巨變。作為殖民地剛剛獨立的國家，墨西哥正艱難地探索國家建設的道路，卻無法預料到強大的鄰國會如此疾風暴雨般衝擊而至。

安東尼奧・羅培茲・德・聖安納總統面臨著棘手的局面。美國移民大量湧入墨西哥領土，擴張到了他們無法容忍的程度。面對這一危機，聖安納總統採取了一系列措施，試圖遏制美國移民

的勢頭，卻適得其反，觸怒了美國人並引發了強烈反彈。

廢除贈地政策、禁止新移民入境、取消奴隸制度，這些措施都嚴重損害了美國移民的利益。他們結成組織反抗，得到了南方同胞的大力支持，因為南方人希望這片土地最終能併入美國，以增強奴隸主在聯邦政府的勢力。

聖安納總統的舉措可謂是一場徒勞無功的抗爭。強大的美國國力和南北方勢力的勾結，很快就使墨西哥陷入被動，最終走向覆亡。這個敏感的插曲，再次證明了自然拒絕真空的簡單卻深刻的道理：當一個弱小的國家面對一個強大的鄰國時，命運往往難逃淪陷。

他們組織起來，按照兒時聽到的故事中的做法，透過了一系列的決議，發表了一個《獨立宣言》，開始徵集志工。上萬人渴望跨越邊境，加入他們朋友的隊伍，數十萬人希望在德克薩斯建立美好的家園。

幾個月後，英雄吉姆·羅伊和大衛·克羅克特慘遭殘酷屠殺，和上百名美國人一同遇害。這場慘烈的戰役，給返鄉的人們留下了深刻印象，他們呼喚展開復仇。

在政府未採取行動之前，邊疆民眾已經自行解決了這個問題。在塞繆爾·休士頓將軍的領導下，他們成功地擊敗了墨西哥軍隊，宣布成立主權國家——德克薩斯共和國。之後，他們要求加入美國，受到南方的歡迎，但遭到北方的反對，擔心會成為另一個奴隸州。

直到 1845 年，泰勒總統最終簽署了允許德克薩斯加入聯邦的決議。這雖然解決了表面問題，但背後隱藏了許多糾紛，源於遙遠西部地區人民的「奇怪」觀念。他們要求占有大片土地，不滿足於微不足道的面積。

傑克森總統的獨裁統治，以及其繼任者延續的傑克森原則，使西部州民產生了強烈的獨立情緒，誓要抗拒任何干預他們履行「神聖職責」的企圖。他們視這種職責為掠奪所想要的一切。

在此複雜背景下，德克薩斯的加入不僅代表著美國的版圖擴張，也引發了新的矛盾與衝突。這場歷史性事件，折射出當時美國社會內部存在的深層次分裂與動盪。

蓬勃興起的美國版圖

那些不同意這種觀點的人（而且在東部有很多這樣的人）聲稱，宣稱要建立一個大德克薩斯的言論純粹是政治欺騙；鷹派正在被人們利用，為蓄奴者及其在眾議院和參議院中的支持者獲得更多的好處。但是，從邊疆地區人民的角度來看，這些土地在過去對任何人都是沒有用處的，它們是由美國人首先開發出來的，當那裡還是一片荒原的時候，只有美國人才有勇氣到那裡生活。所以，從常識的角度來說，它們為什麼不應該屬於美國呢？從他們的角度來看，這些說法都是合情合理的。

最後，由於當事雙方的怒火正旺，所以美國與墨西哥為了兼併德克薩斯問題導致了一場不可避免的戰爭。經過各種磨難，美國最終還是贏得了這場戰爭。戰爭結束後，墨西哥（以幾百萬美元的價格）將從里奧格蘭德到太平洋那塊幾乎相當於整個路易斯安那那麼大的一片領土割讓給了美國。此外，美國透過和平的手段獲取了通常被稱為奧勒岡的那些西部偏遠地區的土地。

　　因此，在瓜達露佩 - 伊達爾戈條約簽訂以後，美國的版圖在 1845 年的基礎上擴張了一倍有餘。美國作為一個領土廣闊的國家，在世界上的地位也隨之提高。早期的演說家們利用了「美國種族的命運」這樣的說法來激發民眾情緒，這其實和德國人的「陽光下的地盤」口號如出一轍。不過結果證明，美國人的這番野心最終得以實現，而德國人卻未能如願。這都得益於美國遭遇的地理真空，以及抓住時機大步向前的決心。毫無疑問，這一歷程見證了美國版圖的蓬勃興起，也折射出偉大國家崛起的不易。

瓦特與富爾頓的創新與時代變革

　　當然，從專業角度來談論歷史上那些科學先驅的發明貢獻，會更富有學術氣息。但我更想憑藉自己的理解，抒發對瓦特等人的由衷敬意。正是他們的創新與執著，推動了工業革命的發

展,改變了整個時代的面貌。

　　18世紀被稱為是偉大的發明時代。蒸汽機的誕生,開啟了工業機器化的新紀元。起初人們對這項新技術持懷疑態度,擔心它會對既有的經濟利益產生衝擊。但總有一些勇敢的先驅願意突破常規,為未來鋪平道路。

　　富爾頓就是這樣的一位開拓者。他先是在倫敦學習機械工程,後來來到動盪的巴黎,試圖為法國提供潛艇設計。但他真正的抱負是推動蒸汽船的應用,讓人類的交通方式煥然一新。

　　可以說,瓦特、富爾頓等人所做出的貢獻,遠超同時期的任何政要或名流。他們用自己的智慧和汗水,為人類文明的進步寫下了光耀的一頁。我們應該由衷地向他們致敬,並將他們的精神一代代傳承下去,為人類的未來書寫更加輝煌的篇章。

蒸汽動力的崛起與美國內陸航運的發展

　　對於富爾頓來說,拿破崙的到來反而成了一次難得的機會。英國最終從這位中世紀風格的僱傭兵隊長那裡贏得了勝利,而富爾頓也趁勢在美國推進了他的蒸汽動力船計劃。

　　雖然富爾頓早先在歐洲提出的蒸汽船設計並未引起拿破崙的重視,但回到美國後,他並沒有放棄夢想。他開始尋求私人支持,最終在與羅伯特・李維頓的合作下,成功打造出了「克萊

蒙」號這艘世界上第一艘商業性營運的蒸汽動力船。

「克萊蒙」號的問世為美國的內陸航運業帶來了革命性的變革。在短短一年內，它就顯得太小了，因為前往奧爾巴尼的乘客太多。接下來，「鳳凰」號、「紐奧良」號等蒸汽動力船開始在密西西比河和伊利湖上航行。

這些蒸汽船不僅在順流下航行更快，而且還能逆流而上，大大提高了內陸航運的效率。儘管起初一些大公司主要對爭取獨家經營權感興趣，但最終這些新型船舶還是成為了 19 世紀中期西部開發最重要的推動力之一。

蒸汽動力的引入讓美國內陸河流航運進入了全新時代，為國家快速擴張西部提供了強而有力的支撐。富爾頓這位初創者，為美國開創了一段光輝歷史，值得世世代代銘記。

蒸汽機車革命，交通與經濟格局的劃時代發明

蒸汽機車的出現，不僅解決了人們遙遠距離旅行的問題，也重塑了人們的生活方式。這個新興科技，可以說是人類歷史上最重大的發明之一。

自 1801 年理查‧特里維西克首次在道路上成功嘗試用蒸汽機拖火車輛，到 1825 年喬治‧史蒂文生建造出世界上第一條完整的鐵路，短短二十多年間，蒸汽機車已經從實驗品逐漸成為

常見的交通工具。在英國各地的煤礦區，以及美國東部和西部地區，蒸汽機車逐漸取代了傳統的馬車，開啟了一個新的交通時代。

鐵路的發展不僅縮短了城市之間的距離，也為人們的生活帶來深遠的影響。過去那些窮困潦倒的移民，如今也能夠舒適體面地進行旅行，打破了地域界限，增強了社會的流動性。許多原本靜居於家鄉的人，也鼓起勇氣遠赴西部，加入了新的機會中湧現的人潮。

此外，鐵路的普及也影響著經濟格局的重塑。一方面，它為工業生產和物資運輸帶來了極大的便利，增強了企業的競爭力；另一方面，也加劇了商品和人口在不同地區的流動，促進了市場的統一和經濟的繁榮。

當然，蒸汽機車初期也面臨一些技術困難，比如在潮溼天氣下容易打滑等問題。然而，工程師們不斷改進和創新，最終使得鐵路運輸成為安全可靠的交通方式。

總而言之，蒸汽機車的出現，不僅解決了人類遙遠旅行的難題，也成為推動社會變革的關鍵要素。它不僅改變了人們的生活方式，也深刻影響了整個經濟格局的重塑，可以說是工業革命時期最重要的技術創新之一。

電報與距離的征服

在人類快速移動的同時，如何更快捷地傳遞思想和資訊，也成為了一個急待解決的重要問題。這一重任落在了一位出色的藝術家身上，塞繆爾·摩斯。

摩斯是一位富有藝術天賦的耶魯大學畢業生，雖然出身自一名公理會牧師之家，但他自小就對藝術懷有濃厚的興趣，前往歐洲學習藝術後，回到美國後協助成立了國家設計院。然而，1832 年再次返回歐洲時，一段偶然的談話，讓他萌生了一個新的想法，利用電流來同步傳遞資訊。

接下來的十多年，摩斯不斷嘗試，一次次面臨失望。他不斷向國會遊說，但國會都置之不理。他又試圖說服銀行家投資，但銀行家們擔心風險而婉拒。他前往倫敦申請專利，卻再次遭到嘲笑；前往巴黎申請專利，也遭到拒絕，還被法國政府盜用了他的發明。

不屈不撓的摩斯，終於在 1837 年 9 月 2 日取得了突破性進展，在紐約大學成功將一條資訊透過 1700 英呎的銅線傳遞到另一個房間。國會隨後迅速透過決議，並撥款資助摩斯在 1843 年建成了從華盛頓到巴爾的摩的首條電報線路。

這代表著一個新時代的開啟，費城和舊金山，倫敦和紐約，透過電報，將不再是遙遠的鄰居。這是人類征服距離的一次偉大勝利。但同時，我們也將面臨另一個威脅，飢餓，一個一直

困擾人類的宿敵。革命先驅們雖然身陷經濟利益的角逐之中，但他們的偉大成就仍值得我們敬畏和尊重。電報的誕生，代表著技術進步如何推動社會的變革，這也預示著人類在克服自然障礙的同時，將面臨全新的挑戰。

北方進步與南方保守的對立

在這片新大陸上，西部農場主與東部銀行家之間的關係早已刻劃出鮮明的社會階級差異。前者憑藉著借貸資金得以購置生產設備，奔赴荒原拓墾，後者則代表著文明社會的力量。雖然彼此常以咒罵般的詞語稱呼，但令人慶幸的是這個年輕國家總體仍富庶有餘，足以供養居住在平原、森林和海上的人們。

然而，這片呈現欣欣向榮景象的新世界，卻也隱藏著愈加嚴重的人口壓力。富有的社會階層，憑藉著蒸汽時代的昂貴工具，大舉吸納起原屬鄉村生活的勞工大軍。從此，一場無法停止的惡性循環開始席捲這片大陸，乃至全世界。這股巨大的社會變革浪潮，不僅衝擊了人們的生活與工作方式，更驅動了殖民時期簡單的農業社會結構向更加複雜的國際工業經濟體制演變。

與北方的緩慢變遷不同，南方卻表現出截然不同的態度。那裡的地主階層固守保守立場，排斥任何工業化方式，寧願繼續維持他們那種紳士式的農業生活。但是，這種固守傳統的做

法，卻也導致了新的惡性循環的產生。為了維持奢華的生活，南方地主不得不大量種植棉花和煙葉，於是對奴隸制的需求也不斷上升。這樣一來，南北之爭的緣起不僅源於意識形態，更深層地反映了社會經濟結構的分化。

歷史的車輪不會停歇，新世界正面臨著前所未有的挑戰。當傳統社會結構面臨崩解，人口壓力與新興工業力量席捲而來，如何引導這場巨變，成為事關國家命運的關鍵抉擇。

奴隸制的兩難處境

南方農場主所面臨的困境可謂是難解難分。一方面，他們深知奴隸制已經被各界譴責數百年，不符合道德倫理，終將造成他們的社會文明崩潰；但另一方面，這個棘手問題與他們日常生活的整個社會結構緊密相扣，一時之間很難完全擺脫。

他們堅定反對將」奴隸「和」奴隸制「這些字眼從憲法中剔除，不願意讓北方人將他們視為奴隸主。但在實際經營中，他們卻深陷於無法擺脫的困境。為了維持農場的運轉，他們不得不靠大量種植棉花和菸草來為奴隸提供工作；而銀行家因風險考慮，又拒絕向他們貸款種植水稻、穀物等其他作物。這樣一種惡性循環，使得他們不得不倚賴奴隸勞動，即使內心明知奴隸制的錯誤和危險。

更令人沮喪的是，北方人對南方的實際處境並不了解。他

們往往受到偏差資訊的影響，在報刊上發表帶有攻擊性的文章，甚至一度備戰欲消滅奴隸主。南方人發現自己成了受害者，卻又被誤解為這一制度的維護者。

然而，我們不能說南方人對此漠不關心。他們的確受到了這一制度的困縛和牽制，成為了奴隸制的另一種奴隸。這個棘手的問題需要北方和南方共同的理解和努力，才能真正解決。

戰爭的代價與和平的希望

現在的情況已經變得非常糟糕了，人類社會面臨前所未有的重重危機。無論是貧富差距愈加惡化、氣候變遷造成的環境破壞，亦或是區域性衝突不斷更新，我們似乎無法找到一個明確的出路。在絕望與困惑之中，戰爭似乎成為了最後的解決方式。

人類歷史上曾無數次以戰爭的方式試圖解決問題，從摩爾斯發明電報到《湯姆叔叔的小屋》描述的殘酷奴隸制度，無不以暴力手段試圖維護自身利益。然而，我們是否已經意識到，戰爭所帶來的代價遠遠超過其所能解決的問題？

戰爭不僅摧毀了人們的生命和家園，也破壞了社會的基礎設施，造成經濟蕭條和人道災難。更令人痛心的是，即便戰爭結束，仇恨和偏見也往往延續至後代，成為下一場戰爭的導火線。對個人而言，戰爭會給人帶來巨大的心理創傷，而對於一個國家來說，更是蒙受難以彌補的損失。

也許再過幾年，我們會掌握更多的知識來應對這些重要問題。屆時，我們或許能夠以理性和智慧的方式來解決這些弊端，而非盲目地選擇戰爭這條不歸路。但是，當下我們面臨的只有一個無奈的選擇：是繼續走向毀滅，還是設法尋找另一種和平的解決之道。

我相信，只要我們能夠放下仇恨和偏見，用同理心去理解彼此的需求和處境，就一定能找到化解矛盾的辦法。這需要我們每個人都付出努力，為和平的未來而共同奮鬥。只有這樣，我們才能避免重蹈戰爭的覆轍，最終建立一個更加公正、繁榮和諧的世界。

大開言路

如果讓我說出美國歷史與其他國家歷史的不同之處，那就是雄辯在我們國家的政治社會發展中扮演了重要角色。當美國人決定建立自己的共和國時，共和政體已經不是什麼新鮮事物。開國元勛們不希望建立純粹的民主制，而是渴望一個代議制政府。然而，代議制政府的歷史可以追溯到近千年前。

相較之下，除了希臘的城邦國家，很少有人關注雄辯術的力量。相反，多數人都深信哈姆雷特式的偏見，認為那些企圖用」言辭」來解決人世間難題的人是不可信的。但是，美國文化對雄辯的偏好其實有深層原因。古代猶太人就以著書立說著稱，因為文字是他們表達思想的主要方式。所以當清教徒成為美國早期文明的主導力量時，他們自然成了古代希伯來人精神的繼承者，對雄辯表達的藝術也格外重視。

首先，雄辯來自於希伯來傳統，因此不會被視為異端。其次，它成為神職人員維持對普通民眾控制的強大武器。被剝奪了從音樂中獲得慰藉的權利，飢渴的信徒便將注意力集中在漫長的地獄詛咒演講之中。演講一直是美國移民們表達情感的主要方式，隨著他們的西進而不斷擴散。

當爭取獨立的時候，神學演說家被政治布道者所取代。與那些更古老的共和國不太需要雄辯的治理方式相比，新生的美利堅合眾國則用慷慨激昂的精彩演講來慶祝每一個新事件。直到田野和森林戰勝城市，美國的政治體制從代議制轉向純粹民

主之時，那些滔滔激流般的演講才變成了狂暴的語言洪流，威脅到開國元勛們建立的這艘小船。

傑克森至林肯時期，政治虛榮與侵略迷思

讓我向您娓娓道來這段有趣的歷史時期。

在傑克森獨裁時期，人們普遍相信只要善於言辭，就能夠有效地治理國家。卓越的軍事英雄逐漸消失，取而代之的是接受良好教育、具有哲學思維的新一代。然而，公眾已不再需要嚴肅的管理者。顯露專業能力的人反而會被視為「高傲」和」古怪」，注定會失敗。

長期統治的貴族階層，在面對崛起的平民時顯露了不少缺點。他們懼怕民主，採取高壓政策，只顧自身利益，甚少考慮公眾福祉。但他們大多具有高度責任感，逐步擺脫宗教束縛，願意容忍更多不同聲音。

新興政治領袖卻發現利用「平民」的虛榮心，誇飾迎合他們，便能成為政治中的生意人，贏得救世主的稱號。因此，在傑克森與林肯之間的時期，我們並不能視為國家的黃金時代。

在此期間，美國完全拋棄了華盛頓留下的關於遠離外交的忠告。新派政客明白「鷹擊」在政治中的重要性，讓其歇斯底里地叫囂，最終自取其辱。范布倫主政二十年間，美國平均每年

就會粗暴干涉他國事務。雖然提出了「美洲屬於美洲人」的門羅主義，但這種軟弱息事寧人的態度顯然不被接受。

一些人甚至企圖將「純粹民主」的福音傳播到全球，導致美國戰艦抵達遙遠的東方國家，強行開啟那些向來拒斥白人的王國大門。直接侵略他國領土的行為也屢見不鮮，如圍繞古巴的一系列外交災難性創舉。即使試圖辯解，最終也逃脫不了無緣無故侵略的指責。

蒸汽機革命帶來了經濟分裂，工業州和農業州分別陷入利益矛盾，南北分裂的種子也由此萌芽。這種迷思與分裂，正是這段歷史的真實寫照。

從偏見到解決，美國南北戰爭時期的奴隸制

在南北戰爭時期的美國，奴隸制問題一直是一個備受爭議的核心議題。南方經濟深受奴隸勞動的滋養，渴望保留自由貿易制度以便將產品銷往歐洲；而北方則希望透過禁止外國商品進入，實現對美國市場的壟斷。這一對立的經濟利益，很快就演變成了關乎道德的生死鬥爭。

那些曾參與美國獨立戰爭的開國元勳們，雖然內心深知奴隸制必將消亡，但囿於七年的戰爭生活，終未能找到一個公正合理的解決方案。後來的接班人更是顯得偏激，與人類脫節，將奴隸制執著地與聖經教條連繫在一起。不僅如此，還有一些

市民階層出於個人利益的考慮，對此問題漠不關心，甚至不惜讓國家名譽蒙羞。

然而，正如伽利略所言，即使在暫時的倒退和文化轉移中，「古老的地球依舊在運動」。到了 19 世紀上半葉，人類的良知終於達成共識：奴隸制必須從地球上徹底消失。雖然過程艱難，但最終大多數國家都在沒有流血的情況下，相繼廢除了奴隸制。

這場持久而激烈的奴隸制鬥爭，折射出人性中存在著既善良又偏執的兩面性。理性與情緒、利益與道德在此不斷碰撞，但最終人類卻能超越偏見，透過不懈的努力，走向更高尚、更文明的未來。這個歷史故事為我們今天如何化解分歧、實現和解提供了寶貴啟示。

林肯家族的新生與國家團結的曙光

就這樣，長年的相互指責和謾罵的戰爭仍在繼續。北方有些人主張打破聯邦制，而南方則有人在談論建立自己的邦聯共和國。不過，雙方都沒有勇氣邁出這個重大的一步，似乎永遠都不會發生什麼改變。

在這個關鍵時刻，湯瑪斯·林肯的妻子南茜·漢克斯生下了一個兒子。南茜希望這個孩子能夠像她的親人一樣，不要將一生都花在幫助無能的父親養家餬口上，因為湯瑪斯經營的只是一個連一頭牛都養不起的小農場。

人們都希望這個嬰孩能成為一個不凡的人物，也許像大衛國王或林肯總統一樣，能夠以智慧和勇氣來化解眼下的危機，實現民族的團結。畢竟，在這個內戰瀕臨爆發的關鍵時刻，一個新生命的誕生無疑是一股強大的希望和力量。

或許，這位富有遠見卓識的孩子日後會成為一位捍衛門羅主義的外交家，或者他會成為另一位像伽利略那樣的偉大科學家。無論如何，這個特殊的孩子無疑將成為未來的關鍵人物。每個人都在期待著他能為這個分裂的國家帶來新的曙光。

因母親之死而堅定的決心

在林肯 23 歲生日前後，這位來自貧困農家的年輕人，已經經歷了許多人生的起起伏伏。他的父母親都含辛茹苦，為了維繫一個小小的農場而辛勤耕作。然而正當他正值青春、充滿理想時，母親卻突然離世，這無疑是他人生中的一大打擊。

當時九歲的林肯，親手為母親削製了最後的棺木，目送她被埋葬在黑土地之下。這一幕讓他無法釋懷，他感到迷惘而無助。他生活在一個崎嶇不平的環境中，家庭的貧困和母親的早逝，讓他對人生產生了深深的疑問。

但正如那位同代的德國文豪歌德所說，「我們以為自己在推動別人，其實也在被別人推著走」。命運的安排雖然殘酷，卻也孕育了林肯不凡的個性和遠見。就像天才的守護神般，上天賜

予了他和歌德以非凡的才能，使他們最終成為自己國家最崇高追求的永恆象徵。

對於年輕的林肯來說，母親的逝世無疑是一道難以跨越的鴻溝。但正是這段悲慟的經歷，使他更加懂得珍惜生命，並以更加堅定的決心去追求自己的理想和抱負。他最終成為了美國歷史上最偉大的總統之一，取得了令人敬仰的政治成就。這位出身卑微的鄉村小子，用自己的智慧和毅力，書寫了人生最動人的篇章。

亞伯拉罕・林肯，從農民子弟到國家領袖

年輕的亞伯拉罕・林肯從小並不出眾，卻以自身的努力和毅力逐步建立了輝煌的人生。

雖然家庭環境並不優越，但亞伯拉罕從未放棄對美好未來的渴望。在父親笨拙經營農場的環境中，他懂得觀察、思考，並教育自己成長。繼母的悉心教導更是點燃了他對知識和文學的熱情。

離開家鄉後，亞伯拉罕在各行各業中磨練自己，從水手到商人，他憑藉善良、勤勉和智慧，一步步建立起自己的事業和人脈。即使遭遇失敗，他也能從中汲取教訓，堅持不懈地向前邁進。

大開言路

　　亞伯拉罕的經歷充滿曲折，但他從未放棄過夢想。在艱難的歷程中，他不斷學習和成長，培養出敏銳的洞察力和周到的處理能力。雖然最初只是一名普通的農民子弟，但憑藉自己的努力和智慧，最終實現了他的抱負，成為了偉大的國家領袖。

　　這位高大而滑稽的男子，展現了一種非凡的思考方式。他的思想曲折離奇，充滿了可笑卻又富含智慧的想法。從最初被視為怪誕不經，到最終被推崇為偉大政治家，他經歷了一段頗有意思的蛻變之路。

　　即使在那些激烈的政治風暴中，林肯仍然保持冷靜和客觀。他曾生活在奴隸制的兩個陣營中，因此對這一問題有著深刻的認知。他明白，單純的理想主義並無法解決根深蒂固的問題，而是需要循序漸進的改革。

　　當戰火將這個國家撕裂成南北對峙的局面時，林肯終於站了出來，發揮著自己在過去經歷中累積的智慧。他不僅深諳民意，也懂得如何運用政治手段化解矛盾。在他的領導下，聯邦得以維護，而奴隸制也最終被廢除。

　　這位高大而智慧的男子，從一個被視為怪誕的思想家，最終成長為一位睿智而崇高的領袖。他的蛻變歷程，折射出一個國家在危急時刻如何憑藉理性和睿智才得以渡過難關。這不僅是一段引人入勝的個人故事，也是一段見證國家奮鬥史的重要篇章。

林肯的承諾，1860年南方分裂與總統就職的重任

　　可憐的老瘋子約翰‧布朗大喊：「不！不可能不流血的！」然後他又舉起了一面迎風飄揚的起義旗幟。幾天之後這面旗幟就被人們恭敬地覆蓋在他的棺材上。但是南卡羅來納州禮貌地回答：「是。」然後這個州悄悄地、不事張揚地退出了聯邦，並且莊嚴地透過投票宣布成為」地球上自由獨立國家」中的一員。這件事情發生在1860年12月。

　　三個月之後，民主共和黨出身的美國總統亞伯拉罕‧林肯再一次前往華盛頓，他把行囊搬進了賓夕法尼亞大街另一端的白色建築中。兩天之後，他舉行了宣誓就職儀式。他笨拙地站起來，向參加就職儀式的群眾講述了他要做的事情。

　　「哎！他的責任就是保護、維護和捍衛聯邦。而他的許多同胞現在正要摧毀聯邦，他的責任卻是保護、維護和捍衛它。他們是非常愚蠢的。」林肯喃喃自語道。上帝知道，他並不恨他們。我只希望他們能夠幸福。他願意傾聽他們所有的合理建議。他願意竭盡全力找到一個迅速的、和平的解決方法。既然他已經宣誓要保護、維護和保衛聯邦，那麼他就要保護、維護和保衛聯邦。

　　他的話雖然簡短，但內含深意。可是，他所熱愛的同胞中的大多數人似乎還沒有完全理解他的意圖。因此他們還互相開著玩笑說：「嘿！你看見他戴的那頂帽子有多麼滑稽可笑了嗎？」

林肯輕嘆一聲,心中隱隱有不祥的預感。即使同胞們還不明白,他也別無選擇,必須履行自己的職責,維護美利堅合眾國的統一。但他相信,只要能以耐心和智慧化解這場危機,一定能找到和平的出路。

戰爭的重新定義

戰爭的重新定義

　　南方各州突然退出聯邦，實在是令人費解。新英格蘭一直以來都被視為最大的威脅，怎麼反倒是他們起了分裂的念頭？更讓人奇怪的是，這些州竟然聲稱是為了「廢除」1787 年的合約，好像對他們而言，聯邦已經失去了存在的意義。

　　顯然，這次南方的脫離與以往的情勢完全不同。自傑克森時代起，南方就一直習慣於對美國其他地區施加威脅和恐嚇。但這次他們並非單打獨鬥，而是巧妙地利用了西部人的熱情，將東部和北部地區視為附庸，甚至是一個小型的姊妹共和國，要求他們必須乖乖聽話。否則，後果不堪設想。

　　南方人急不可待地脫離聯邦，隨即組建了自己的國家——「美利堅諸州聯邦」，並選出了傑佛遜·戴維斯為總統。戴維斯固然是一個有信仰、有能力的人，但他缺乏林肯所擁有的卓越分析能力，這最終導致南方的失敗。

　　經過議會辯論和官方解釋等漫長過程後，戰爭終於爆發了。這種文字藝術的演變使得戰爭不再是野蠻和直白的行為，而是需要講究「常規」和「正義」。南方披著正義的外衣發動了進攻，但卻最終被美國的分析力量所擊敗，淪為歷史博物館中的一個插曲。戰爭的本質已經發生了深刻的轉變，不再是單純的武力對抗，而是需要運用更高級的技巧來贏得勝利。這正是這場內戰所揭示的一個關鍵。

內戰前夕的緊張局勢，南北對立與桑特堡危機

當維吉尼亞、田納西和阿肯色州加入南方的行列時，南北矛盾進一步加劇。戴維斯總統提出由各州自行決定是否廢除奴隸制的折中方案，但華盛頓方堅決要求南方各州先回到聯邦懷抱。南方隨後試圖透過憲法修正案，永遠限制國會對奴隸制的權力，但北方堅決反對。

在這個時期，許多南方出生的軍官紛紛辭職，投靠傑佛遜·戴維斯效力。眼看局勢惡化，華盛頓最終不得不採取應對措施，準備打一場持久戰。其中，南卡羅來納砲兵攻擊了懸掛著美國國旗的「西部之星」汽輪，聯邦政府遂派出「波瓦坦」號運輸船前去增援桑特堡的駐軍。

雙方都感到即將爆發公開敵對行動的危險，同時也不願意承擔「首先發難」的責任。最終，聯邦政府解釋說「波瓦坦」號並非增援，而只是運送食品和醫藥用品。在這緊張的氛圍中，南北雙方都在試探對方的意圖，生怕引發一場不可挽回的戰爭。這場戰爭一觸即發，正濃重地籠罩著那個時代。

開戰的序幕

自從美國獨立建國以來，南北雙方在政治、經濟等諸多領域長期存在矛盾，南方一直把自身利益置於國家發展之上。面

戰爭的重新定義

對國家統一派代表亞伯拉罕・林肯的上任，南方統治階層感到前所未有的威脅與不安。此時，盲目的自卑心理和對林肯的猜忌，促使他們做出了一個關乎國家命運的魯莽決定，向北方聯邦要塞「桑特堡」開火。

這個本應只是小小的軍事行動，最終卻演變成一場慘烈的全國性內戰。當博雷加德將軍接到攻擊桑特堡的命令時，他內心也有所猶豫。但出於對南方利益的保護，以及對林肯的深深猜忌，他還是下令進攻。經過 24 小時的炮轟，雖然造成的實際損失微乎其微，但這一舉動卻觸怒了北方，揭開了內戰的序幕。

這樣的開端充滿著衝動和輕率，完全缺乏長遠眼光。南方人沉浸在對林肯的恐慌和對自身地位的不安中，忽視了戰爭的嚴重後果。他們把這次進攻當作一場流行時尚的娛樂活動，在查爾斯頓的美女們的喝采聲中發射砲彈。但事實上，他們正在點燃一場席捲全國的大火，成為導火線的他們，也將付出慘痛的代價。

事到如今，後悔已經來不及了。1861 年 4 月 15 日，林肯立即招募了 7.5 萬名志願兵，開始向叛離的南方進行調兵遣將。這場轟轟烈烈的內戰，正式拉開序幕。

新的國際格局

在一個充滿矛盾和複雜關係的世界中，我們必須以更加理性的視角來看待國際局勢的演變。

作為一個由兩百萬年歷史積澱而成的文明世界的一員，我們早已擺脫了小星球上孤立自足的生活方式。我們的命運與周圍國家和民族密切相關，無法獨立於他人之外。在這樣的大背景下，不同國家對一場戰爭的看法自然會存在差異。

北方人認為這是不可或缺的任務，而南方人則認為這是為了維護自身的獨立而不得不面臨的鬥爭。歐洲人把它視為兩個獨立小國之間的衝突，可能導致一個強大共和國的衰落。在這個漩渦中，我們必須審慎地選擇立場，權衡利弊得失，而不應做簡單的道德評判。

我們必須理解，在國家利益面前，「愛慕」之類的感情詞是不適用的。應當以「尊重」、「景仰」乃至「感謝」等更加理性的態度來看待彼此的關係。即便是曾經的殖民地革命或 1812 年的戰爭，對於今天的大家來說，最好也不要過多地喚起民眾的記憶，而是以更加開放包容的心態來重塑新的國際格局。

只有這樣，我們才能在這個紛擾的世界中找到自己的位置，為人類的和平發展做出應有的貢獻。

林肯的艱難抉擇

當時的美國正陷入南北戰爭的險境之中，這場戰爭不僅打擊了國家的經濟與社會秩序，也深深影響了政治格局與民眾的價值觀。作為新上任的總統，林肯面臨著前所未有的挑戰。

戰爭的重新定義

一方面，北方的工商業菁英與改革派代表了進步與民主的力量，他們渴望徹底消滅奴隸制，實現真正的平等。而南方的農場主代表了保守的貴族階層，他們不願放棄既有的特權與地位。這個對抗不僅是南北之間的衝突，也展現了上層階級內部複雜的矛盾。

另一方面，林肯還需應對來自海外的干預。被視為威脅的拿破崙之姪，憑藉著父輩的聲望，成功當選了行政長官。這名年輕的德裔領導人，為了鞏固自己的統治地位，暗中策劃著挑動戰爭以博得民心。此外，正值不穩定的時期，法國和美國之間的外交關係也岌岌可危，隨時可能爆發衝突。

身陷此重重困境之中，林肯需要做出艱難的抉擇。他必須平衡各方利益，維護國家的統一與民主，同時應對外部勢力的干擾。這無疑是一項艱鉅的任務，需要他發揮卓越的政治智慧與領導才能。只有他能帶領美國渡過這個艱難的時期，才能實現真正的和平與繁榮。

美國建國初期的軍事現實

美國建國之初，曾經強烈相信任何一個頭腦清醒、判斷準確的公民都能勝任任何工作，並對公民的尚武精神抱有極高期望。然而，這種理想化的信念很快就在戰爭中遭到現實的嚴峻考驗。

自美國獨立戰爭開始，志願兵制度就從未真正取得成功。

美國建國初期的軍事現實

華盛頓將軍曾多次在書信中抱怨，那些未經訓練的民兵常常表現出膽怯、缺乏紀律，完全違背「真正愛國主義」的準則，讓他錯失良機。要不是得到法國正規軍和德國教官的寶貴支持，恐怕獨立戰爭難以取勝。

1812 年戰爭期間，志願兵的表現更是引起軒然大波。紐約州的民兵部隊拒絕在美國領土之外作戰，給加拿大人以利，而令邊疆前線的美國人深受其害。有時民兵竟然無故潰逃。在保衛首都的過程中，許多所謂的愛國者也紛紛驚慌失措地逃散。

即使在墨西哥戰爭時期，情況也沒有太大改善。史考特將軍率領的十一個志願兵團中，竟有七個團的「一年期軍人」在距離目標只有四天路程時擅自離開，延誤了整個行動。

到了南北戰爭爆發時，林肯總統雖然得到了民眾熱烈響應，但這份熱情也很快就消退了。政府只能發表激勵政策，提供 100 到 200 美元的獎勵，甚至動員歐洲移民以牟取私利。這個現象一直持續到英國政府的強烈抗議才終止。

這些例子清楚地表明，單純依賴公民的尚武精神是遠遠不夠的。建立一支真正有戰鬥力的武裝力量，需要專業訓練、紀律觀念和長期奉獻精神的培養，光靠自發的民意是難以支撐的。

美國建國初期的理想主義，很快就在戰火中被現實狠狠打碎。這不僅考驗著美國人的愛國情操，也考驗著政府如何建設一支真正合格的軍隊。如何調和自由與責任，在建設過程中實現平衡，或許是美國建國以來始終未能解決的根本難題。

戰爭中的國民分裂與政治挑戰

幾個月之後，北方人終於明白，只有實行徵兵制度，才能維持足夠的戰鬥力。一項徵兵法案隨即制定並透過，規定每個州必須提供一定數量的士兵。如果無法依靠自願徵兵，就不得不採取強制徵兵的方式。儘管這種做法並非美國的傳統，但這似乎是擊敗由應徵兵組成的南方軍隊的唯一途徑。

對於來自富裕家庭的子弟，法案卻提供了例外。他們堅信自己應留在後方，不必冒險到前線。只要能找到某些不顧生命危險去替他們上陣的可憐人，他們就可以逃脫法律制裁。即便找不到替代者，他們也只能不情願地服從徵召。

這一做法在部分地區引發了激烈的騷亂。比如波士頓和紐約的愛爾蘭移民對這場衝突毫無興趣，因此拒絕配合。軍隊最終被迫開火，鎮壓了這些暴徒。人們普遍認為這非常悲傷，但戰爭的現實往往在所難免。那些熱烈擁護所謂」文明戰爭「的人，現在也深感沮喪和失望。

與此同時，林肯和戴維斯兩位總統都面臨著嶄新的挑戰。他們必須從頭學習掌握履行這份新職責的基本技能。外交對林肯來說尤其困難，因為這是一門高尚而微妙的藝術，與熱血沸騰的武士精神格格不入。儘管外交方面的專家能夠勝任這項工作，但民眾對此缺乏興趣。

結果，兩位總統在上任初期就給自己以及國家惹上了巨大

麻煩。林肯總統下令封鎖了自維吉尼亞至德克薩斯的美國沿海，這無疑將美國與南方聯邦置於」交戰狀態」。英國政府堅持中立，拒絕承認南方的「獨立「地位。然而，處於恐慌狀態的北方民眾卻誤解英國的立場。在這樣的政治動盪和民眾情緒之中，林肯和戴維斯都需要不斷學習，才能最終掌握履行他們新職責所需的關鍵技能。

內外交困，戰爭初期的國際紛爭與外交挑戰

華府的頹勢已經顯而易見。前線戰況遲遲未能有所突破，1861 年 7 月的第一次普林戰役更是潰不成軍，給予北方當局沉重打擊。這一訊息在歐洲引起的反響也不容忽視，美國的眾多敵人和南方盟友無不雀躍，認為南方星旗將很快在華盛頓飄揚。這對北方來說無疑是雪上加霜。

事實上，在內戰初期，美國政府就面臨一場棘手的國際外交糾葛。1861 年 11 月，美國北方海軍聖哈辛托號攔截並拘捕了駛往英國的南方代表詹姆斯·默里·梅森和約翰·斯萊德爾，這引發了英國的強烈不滿。倫敦報紙一片譴責之聲，政界人士也紛紛表態要求立即釋放兩名俘虜。迫於壓力，林肯總統最終不得不允許梅森和斯萊德爾乘坐英國船隻前往英國，以避免這一小插曲惡化雙方關係。

雖然暫時化解了這一爭端，但新的種種挑戰隨即而至。南

方聯邦雖未獲正式承認，但卻已被視為交戰方，得以在歐洲市場購買武器彈藥。他們仗著棉花的優勢，以物易物的方式換取大量滑膛槍和野戰炮。這些貨物或安全抵達南方港口，或被北方海軍截獲。

不甘寂寞的南方聯邦甚至打算另闢蹊徑，想方設法拉攏英國。戴維斯總統著手安排由英國造船廠建造巡洋艦，並以英國製火炮裝備，由英國招募海員執行掠奪北方商船的任務。儘管林肯政府早已洞悉這一陰謀，但要界定到何種程度算是向交戰方出售武器的非法行為，仍是一個頭痛的國際法律難題。

一波未平，一波又起，重重外交危機使林肯政府陷入困境。南北雙方在戰場上的僵持，與外交博弈中的暗潮湧動，都讓華府備受煎熬。前景茫然，困境無解，美國能否渡過這一危機，實在令人深感憂慮。

格蘭特上將的崛起與南北戰爭的轉折

在南北戰爭最艱難的時期，危機四伏的局勢似乎要讓連年未嘗敗績的北方聯邦陷入絕境。然而，正當英國政府有意承認南方聯邦時，一個默默無聞的軍官突然浮出水面，憑藉其出色的軍事才能扭轉了戰局，最終推動了北方的勝利。

這位軍官就是尤利西斯・格蘭特。在戰爭爆發之初，格蘭特的仕途似乎已走到盡頭，連當地的基督教婦女禁酒聯合會都

預言他的葬禮即將到來。然而，這位曾經一度春風得意的年輕軍官，卻憑藉其高超的策略眼光和堅韌的意志，逐步擊敗南軍，開啟了北方的勝利之門。

格蘭特首先在西部戰線取得了一系列成功，不僅摧毀了南方的戰線，還迫使南軍的頂尖將領李將軍從北部戰線撤走大量精銳部隊，為北方此後的勝利奠定了基礎。此後，格蘭特取得了更加重要的勝利，北方的海上封鎖使南方的棉花出口受到了嚴重打擊，而南軍卻在缺乏資源的情況下，成功設計出了一艘強大的鐵甲艦，對聯邦海軍造成了極大威脅。

當英國政府有意介入支持南方時，格蘭特的連續勝利引起了英國政府的注意。面對格蘭特堅定而冷靜的態度，英國政府最終做出了慎重考慮，最終選擇了保持中立。這一轉折性的決定，不僅阻止了英國對南北戰爭的介入，也使北方聯邦得以專心對付南軍，取得了最終的勝利。

這艘特殊的戰艦，最初名叫「梅里馬克」，後來被南方聯邦海軍重新改裝並改名為「維吉尼亞」號。它開始航行的第一天就擊沉了聯邦軍的兩艘戰艦，這只是一個開端。如果史蒂芬・馬洛里能夠製造出更多類似的戰艦，那麼從查爾斯頓到倫敦的航線很可能就會向南方聯邦敞開，他們的棉花產品也許會比武器更有威力。

然而，當南方人正竭力將陳舊的「梅里馬克」號打造成一艘新式戰艦時，一位瑞典人約翰・艾瑞克森正在設計一艘令人驚

嘆的新型戰艦。這位前瑞典海軍上尉如今已成為一位傑出的發明家，他曾在英國製造過頗有名聲的蒸汽火車頭，甚至還發明了螺旋槳。如今，他將一個嶄新的構想付諸實現，在戰艦上安裝可旋轉的砲塔。

艾瑞克森首先將這一設計帶到了法國，希望能得到拿破崙三世的支持。不過，正如拿破崙一世對富爾頓的汽船實驗興趣缺缺一樣，拿破崙三世也未能看出艾瑞克森鐵甲船的潛力。這位發明家於是轉身來到了華盛頓，向北方政府展示了他的創新方案。

雖然北方政府官員對此望而生畏，但最終還是允許艾瑞克森根據其奇特設計建造一艘名為「莫尼托」的鐵甲艦。僅僅半年後，「莫尼托」號就投入了實戰。在1862年3月9日的一場短暫交火中，這艘鐵甲艦展現了其作為破壞性武器的絕對優勢。南方聯邦突破北方封鎖的最後希望就此破滅。

得益於「莫尼托」號的出色表現，北方開始大量建造類似的鐵甲艦隊，從而大幅加強了海上封鎖。南方的棉花堆積在港口岸邊，逐漸腐爛。歐洲各列強也失去了繼續支持南方的理由，南方尋求承認或貸款的要求都被一一拒絕。這艘由一位平民發明家設計的「莫尼托」號，改變了美國內戰的走向，揭開了一個全新的砲艦時代的序幕。

上天注定的戰爭結局

美國南北戰爭在經過四年的激烈交戰後，終於走向了最終的結局。儘管李和傑克森的軍隊曾一度孤注一擲，試圖爭取更多的時間，阻止北方軍隊的攻勢，但他們的敵人卻進行了一次卑鄙的背後攻擊，使得這一企圖徒勞無功。

林肯總統於 1863 年 1 月 1 日頒布的《解放奴隸宣言》，確立了這場戰爭的核心目標 —— 爭取奴隸的解放。然而這並不意味著南北雙方的矛盾已經完全得到解決。直到 1865 年，新的憲法修正案才徹底結束了這一「特殊制度」，在美國境內永遠廢除了強迫奴役制。

在軍事層面，戰爭的程式也是曲折艱難的。密西西比河流域被聯邦軍占領，紐奧良市也落入法拉格特的手中。李在蓋茨堡一戰差點選敗北方軍隊，但最終還是不敵。謝爾曼的大軍橫穿佐治亞，進行了一系列殘暴的破壞行動。最後，南方首都里奇蒙也被圍困和炮擊，最終淪陷。傑夫・戴維斯不得不在喬治亞的荒原四處流竄，企圖避免這一不可逆轉的結局。

在戰爭結束後，格蘭特將軍和李將軍在阿波馬托克斯郡政府附近舉行了投降和受降儀式，宣告聯邦政府的最終勝利。整個國家的權力將永遠高於各個州的權力，這一結果彌補了四年戰爭所造成的巨大損失。

此時，北方的部分民眾已準備伸出援手，幫助他們以前的

戰爭的重新定義

敵人。但也有一些人仍然殘忍無情。此時的美國正陷入一個艱難的時期，需要那位元寬容、仁慈的林肯再次帶領美國走向和解與重建。遺憾的是，林肯在戰後不久，就遭到了槍擊身亡，這無疑是對整個民族的沉重打擊。

一位意外的君王

一位意外的君王

這位不幸的君主注定要成為歷史上最後一位征服者。他在1832年出生於申布倫的皇宮，擁有優厚的家世，他的父親是奧地利大公，哥哥是奧地利皇帝，岳父更是比利時國王，歐洲半壁江山的君主都是他的表親。憑藉著自身的學識和才能，他被視為哈布斯堡家族的天才，先後獲得義大利總督和奧地利軍隊總司令的重要職務。

他展現了非凡的才華和勤奮，成為海軍改革的先驅，建造了一支配備最新鐵甲的強大艦隊，掌控了亞得里亞海和地中海東部。在任倫巴底總督期間，他更提出了一系列明智而自由的改革措施，希望藉此維繫住哈布斯堡家族在義大利的地位。然而，他的改革思想未能得到他人的認同，最終不得不辭職，退隱至的裡雅斯特郊外，在自己的豪宅中尋找安寧。

這位擁有博學卓識的君王，似乎天生就不適合權力遊戲，無法真正融入哈布斯堡家族的政治爭鬥。他對世俗事物缺乏熱忱，寧願沉浸在藝術、音樂和植物學的冥想之中。儘管最終殞落，但他的悲劇性格和純真品格仍令人肅然起敬。這或許才是他留給後世最大的遺產。

馬克西米利安的帝國夢

當拿破崙皇帝決定將墨西哥的王位交給哈布斯堡家族的一員時，引發了一場激烈的政治博弈。這位高傲的法國暴發戶想

要藉此針對奧地利皇帝法蘭西斯‧約瑟夫，但意外遇到了另一個有抱負的角色，馬克西米利安。

這位浪漫主義者幻想著穿上皇帝盛裝，依靠著古老的阿茲特克宮殿，在月光下聆聽他忠實臣民的歌聲。為了實現這個夢想，他毫不猶豫地接受了這個王位。但很快就發現，要統治一個陌生的國度並非易事。

奧地利皇帝雖然一開始就堅決反對這個安排，但拿破崙皇帝並不放棄。他巧妙利用了馬克西米利安的天真，令他相信墨西哥人民早已舉行全民表決，幾乎無一例外地擁戴他為蒙提祖馬的繼承人。在哥哥的要求下，馬克西米利安放棄了奧地利王位的所有權力，乘船前往維拉克魯茲。

然而，華盛頓當局並沒有對這個自封的皇帝感到無動於衷。美國駐歐使節們好奇地詢問相關政府，是否聽說過門羅總統發表的諮文。但事過境遷，如今美國已分裂為兩個小共和國，很可能會摧毀彼此。對於這個法國大江湖騙子的奇思異想，華盛頓顯然並不感冒。

馬克西米利安夢寐以求的帝國，恐怕只能留在他的幻想之中了。這場政治博弈最終會以何種結果收場，值得我們繼續關注。

國際權力賽局與墨西哥帝國的覆亡

雖然1863年間南北雙方的條件看似公平，但僅一年後，南方聯邦就已經走向覆亡。聯邦政府終於可以騰出手來關注其他事務，包括幫助它所信賴的鄰國墨西哥。美國開始對拿破崙三世施加壓力，拿出報紙向他展示普魯士在丹麥的勝利，以及俾斯麥希望藉此重建德意志帝國的計畫。面對這些事實，拿破崙不得不承認，但他卻完全不顧信義，突然撤回駐墨西哥的法國軍隊，任由可憐的馬克西米利安自生自滅。

當時，通往海濱的道路仍然暢通，馬克西米利安完全可以自由選擇逃亡。作為一個嚴肅負責任的人，他選擇與那些為他的王位而戰的人一起奮戰到底。當一切都無可挽回時，他希望能在戰場上殉國，但命運卻未能如他所願。一名部下最終將他出賣給了胡亞雷斯，後者毫不留情地下令槍決了他。

即便面臨生命危機，馬克西米利安仍然未曾請求寬恕，反而勇敢地為幾名忠於他的將軍請求緩刑。這一訊息一經傳出，全世界都為之震驚，不敢相信一位奧地利大公竟會被一位墨西哥印第安人處決。即使美國總統也致函請求寬待，但胡亞雷斯卻回答稱他無能為力，這是國法所要求的。

1867年6月19日，馬克西米利安被槍決，六個月後，一艘奧地利軍艦以他的名字緩緩駛進維拉克魯茲港口，送他回家鄉

的最後一程。馬克西米利安的悲劇人生就此宣告結束，他成為歷史上另一個不幸的犧牲品。

南北之間的猜忌和仇恨

戰火無情地肆虐大地，曾經一片繁榮的土地如今卻滿目瘡痍。南北之間的猜忌和仇恨已然升溫至不可收拾的地步。北方人眼中，南方人不過是一群不可理喻的叛徒和罪人，他們妄圖強加自己的意志。而南方人則堅信白人天生就比黑人優秀，拒絕接受北方的價值觀。

這場爭鬥，雙方難解難分，誰也不肯讓步。彷彿數字「2」才是唯一的真理，而不管你是大象還是花生，在北方人眼中，你們都不過是「2」而已。

可惜的是，許多人竟只關注於表面的數字，而忽視了其背後的深層意義。他們無法理解，兩粒花生與兩頭大象之間存在著天壤之別。憑藉道德和正義的力量，是無法真正解決人際關係中的種種問題的。

悲哀的是，在林肯逝世後，接任總統大位的人顯然並不適合這個位置。他們或許希望透過一些手段討好邊疆地區，但卻無法真正化解南北之間的矛盾。十年的和平時期內部爭吵，反而比五年戰爭的代價還要大。

這個民族頓時陷入了一片迷茫之中。此時，如果林肯還在世，是否一切都會不同呢？但事實殘酷，林肯已經離開了人世，留給我們的只有更多的未解之謎。最終會何去何從，誰也無法預料。

內戰後美國的重建與國內矛盾

新任總統安德魯·傑克森面臨著艱難的時刻。作為一名來自偏遠地區的職業政治家，他臨危受命，領導這個處於最困難時期的國家。在內心深處，他認為南方遭受了極大的不公平，不應該受到如此徹底的失敗。他覺得自己必須與新英格蘭人聯合起來，因為後者認為北方受到了不公平的對待。

這種對立的觀點最終導致了對總統的彈劾，以及一場曠日持久、徒勞無益的訊問。南方的經濟生活早已經停滯不前，政府部門之間的爭執加劇了災難。這也給極端民族主義者和人類奴隸制的支持者以宣洩的機會，造成了社會秩序的崩潰。

雖然這套經濟制度存在缺陷，但它卻孕育了許多傑出人物，在建立獨立合眾國的過程中發揮了重要作用。然而，要從這次災難中恢復經濟秩序，需要兩代人的努力。

與此同時，北方和南方為爭奪聯邦領導權而打得不可開交，西部地區反而趁機占據了舞臺中心。邊疆地區的古老信仰成為新的宗教，被沿海地區的民眾所接受。對於美國來說，不

僅要維持與中西部各州的友誼，還要保證太平洋沿岸美國人民的忠誠。這些遙遠的州與東部地區被高山草原所阻隔，然而到了 1860 年，開始有了著名的小馬快遞郵政業務，大幅縮短了東西部之間的信函傳遞時間。這位新任總統正面臨著如何化解國內矛盾，重建和平秩序的巨大挑戰。

穿越西部的鐵路接軌

修建第一條跨越大陸的鐵路只是個開始。接下來的任務是將東部和西部的鐵路網全面連線起來，實現真正的縱貫大陸。

修建鐵路的工程師們迫不及待地前往西部，開始在無人居住的廣大草原上鋪設軌道。然而，他們面臨著重重障礙。最大的問題就是如何跨越那些巨大的天然缺口。電報線是一個選擇，但是無法運送士兵和大砲。另一個難題是這些廣袤的土地實際上都具有很高的價值，不能讓它們閒置。自從傑佛遜總統時代就有傳聞說有人想在密西西比河流域建立一個帝國，這些景象已經給東部人民帶來了極大的恐慌。

此時，正值國家陷入戰爭狀態。法國人正在墨西哥作亂，英國也占領了哈利法克斯。北方固然希望取得勝利，但誰也無法保證一定能獲勝。而任由這片真空地帶繼續存在，就等同於自殺。戰爭一度擾亂了移民安置的程式，所有能揮動鐵鍬的人都被迫扛起了滑膛槍。但是一支小規模的騎兵就足以打破無垠

草原的寧靜。

然而一旦和平來臨,將東西部徹底連線起來的工程就會全面展開。鐵路承包商已經成為開路的先行者,他們不再等待移民數量達到一定水準才修路,而是率先在無人區鋪設軌道,然後邀請東部農民和歐洲移民在附近定居,利用新建的鐵路運輸農產品。修築鐵路的勘測人員正瘋狂地工作著,用不了多久,整個密西西比流域就會被一張密集的鐵路網覆蓋起來。如此一來,建成自大西洋到太平洋的首條大陸鐵路也指日可待了。1869 年 5 月,這個偉大的夢想終於實現,它不只是一座橋梁,更是一個全新時代的到來。

19 世紀美國移民潮的殘酷與希望

在 19 世紀的美國西部,移民潮如火如荼。一片寬廣的土地資源,吸引著無數人跨越密西西比河,前往開拓新天地。然而,要真正擁有這片廣大的西部土地並非易事。

政府發表的《宅地法》,使得普通公民也能獲得一塊 160 英畝的土地,只要在此定居並耕作。這大大促進了西部的移民開發。但這並非一帆風順。印第安人的土地被不斷侵占,他們最終被無情地趕到保留區或是滅絕。

我們不得不承認,在這場西部拓荒的歷史程式中,存在著不少殘酷和不公的一面。貪婪、殘忍、背信棄義,往往凌駕於

道德之上。強權似乎勝於正義，弱者的權益難以得到保障。我們要為這段歷史感到羞愧和悲痛。

然而，我也希望後人能以更加客觀和理性的態度，看待這段歷史。這不僅是獲得土地和財富的過程，更是人類開拓疆域、追求自由與幸福的曲折故事。我們要學會從中汲取教訓，既要心懷正義，又要了解強權的現實。只有這樣，美國的偉大發展之路，才能更加光明正大。

服從強權，一段無法自豪的歷史

我們所研讀的這段歷史，難以讓人感到自豪。每一頁都充斥著貪婪、殘酷和背信棄義，讓人不禁嗅到那些過往草原酒館中走私酒的濃厚氣息。然而，在與自然法則對抗的過程中，我們是否真正堅持住了道德和倫理的原則？

美國從法國、墨西哥和英國手中購得、交換和奪取了200多萬平方英哩的高山平原，那裡蘊藏著世界珍稀的金、銀、礦藏和石油等寶貴資源。曾有一支用弓箭作戰的弱小種族占領了這片土地，如今卻被強大的武器裝備的種族貪婪地覬覦著。有一位德國政客曾言：「統治需要的是強權，而非正義。」

在愛達荷、懷俄明、蒙大拿和內布拉斯加，我們走進小巧的白人學校和教堂，高唱讚美詩，感謝上帝讓我們不同於那些野蠻的外族。但事實上，正是我們公然宣稱「強者將統治地

球」，並剝奪弱者僅存的一點資源。這種思想讓我們深惡痛絕，也許我們從未認同過那些罪行，但現實卻是一個沒有寬恕的生存之地，要麼征服，要麼被征服，或是彼此殘殺。

如今，我被這樣一個世界所包圍，只能認命地服從強權的命令，而這似乎凌駕於任何人性之上。悲傷的幽靈卡萊爾低聲說道：「你還算是幸運的！」或許我們的後代可以用不同的語調述說這段歷史，但此刻，我們所見的，無非是一個不以人性為重的世界。

文明的輪迴，現代社會的榮光與衰落

新的時代總是伴隨著驚嘆和質疑，人們總會懷念過去的簡單生活，卻又沉迷於現代文明的高效便捷。我們似乎永遠無法找到良好文明應有的節奏，而是在快速發展和緩慢衰落之間不斷擺盪。

過去的文明大國也無一例外地經歷了榮光與衰落的循環。當一個文明在某些領域取得突破性進展時，常會伴隨著飛速膨脹與浪費資源，最終導致內部瓦解和殞落。古埃及、巴比倫、希臘、羅馬等文明，都在一個個黃金時代之後走向衰敗。我們當代的北美文明也似乎正處於這個循環的第三階段。

漢密爾頓先生觀察到，現代社會正陷入一種「匆忙而慌亂」的狀態。新的科技和生活方式確實給我們的生活帶來了很大的變

革,但年輕人卻常被指缺乏對前輩的尊重。老一輩人抱怨新一代人不懂得珍惜過去的優雅與節制,而年輕人則對這些感嘆不屑一顧。這種矛盾的情感可追溯到任何一個文明的傳承過程中。

我們現在正處於一個轉折期,一個充滿動盪和不確定的時代。但無論評判如何,歷史都證明了每個文明最終都會衰落,而新的文明也必將在這個過程中孕育而生。或許眼下的我們應該審視自身,尋找文化傳承和創新的平衡點,為下一個文明的復興做好準備。

北美文明的歷程

即使某個特別睿智的民族精神在完全陌生的人手中再度復興,延續數百年,也可能只會造成一種錯覺。畢竟,誰都逃脫不了生命的必然結局。但在大洋彼岸的美洲大陸,這樣的規律似乎並不適用。短短五六十年內,這裡的人們就走完了其他人需要十五個世紀甚至五十個世紀才能走完的歷程。

當白人開始在美洲北部登陸時,他們會對當地土著印第安人的文明感到驚嘆。這些文明有些原始簡陋,有些卻發展相當完備。但最早到達這裡的殖民者們並不感興趣了解這些。他們憑藉刀劍、火炮和繩索,開始了對土著人的屠殺,迅速摧毀了一切。在他們自己的知識無法在這片荒蕪之地生存時,才勉強向受害者學習一二,好讓自己能夠在這片海岸生存下去。然

而，他們始終堅信自己的使命神聖，因此也無心顧及這些事情。他們殺害了印第安人，搶奪了賴以生存的土地。於是，這片土地上原有的文明，只能化為歷史遺跡，僅能在阿爾伯克基市的古董店和好萊塢的原始西部博物館一瞥。

隨著白人的定居，北美的文明進入了第二階段——殖民者的文明。這一階段大致持續到 17 世紀初到 18 世紀後期。在科學和藝術方面，殖民者並未有太大建樹。在文學領域，也增添了一些令人討厭的布道文集、有趣的遊記及耶穌會傳教士的作品。不過，置身於廣闊荒原的歐洲人，確實有機會在自治政府中展現一些創造性的工作。如果給予足夠的時間，或許還會發現一些新穎的政治思想，對世界大有裨益。

直到革命的到來，這個著名的社會試驗才終止。此後，北美文明進入了第三階段——共和國時期，自 1776 年的反抗英國起義一直持續到 1865 年內戰結束。在這個時期，殖民地人有意切斷與祖國的連繫，背靠東方，大膽嘗試建構自己的新文化。這種全新的生活和思維方式，正是他們追求自由平等理念的具體展現。

理想與現實的碰撞

誠然，這種新的創造性思維不免會遭到他人的嘲笑和質疑。初期的成果常常令人失望，滿是陳腐老套的描述和空洞話

語。但我們不能因此而一概而論，輕易地拋棄這個時期。事實上，這個時期湧動著一種對更美好事物的強烈追求——給普通民眾一個機會，走向從未向他們開放的道路，部分地解決我們的問題，實現某種程度的富足。這一切都是以美國的名義進行的，展現了人性的向上追求。

這是五個世紀以來最令人振奮的事件！然而如今竟走向了如此悲慘的結局。為什麼會這樣呢？歷史研究尚未深入透澈，我們仍然無法找到答案。但最主要的原因可能就在於，最優秀的一代青年被殞落了。內戰的慘烈淘汰了一代軍事菁英，而那些逃避兵役、投機者的崛起，讓理想主義的一代逐漸消失。再加上機器時代的到來，資本主義野蠻生長，年輕人離國家遠去，陷入金錢計算的小圈子，失去了對國家大事的興趣和投入。

這個時期的美國絕對是一個充滿生機和矛盾的黃金時代。它讓世界獲得新的自由和制度，為人類文明做出重大貢獻。但最寶貴的東西卻也在這過程中消失了——那些為理想不顧一切、甘願犧牲的優秀青年。也許這就是美國昔日輝煌終至黯淡的真正原因吧。我們必須深刻反思，以免再次重蹈覆轍。

一位意外的君王

迷失方向的美國

迷失方向的美國

　　時光荏苒，美國這片土地曾經孕育了多少繁華。藉藉著勃勃生機和開拓精神，一群富有活力的人建立了這個偉大的國家，並逐步擴張為一個強大的帝國。然而，隨著戰爭與探險的消耗，這股活力漸漸衰退。物質的追求取代了文明與優雅，人們失去了觸控靈魂的感覺，只剩下對舒適生活的掌控。

　　亨利・亞當斯的悲痛吶喊，道出了這一轉變的苦澀。他感嘆道：「從 50 年代這場戰爭中倖存下來的人，就像蚯蚓一樣，徒勞地掙扎著，像回到起點，但是卻迷失了方向。」這種絕望和無助的表情，彷彿回應了古老的悲傷，從巴比倫到羅馬，歷史的輪迴再次循環。

　　然而，亨利・亞當斯並未就此放棄希望。他了解，這片廣袤的土地擁有無盡的資源和潛力，只要能夠妥善加以開發和利用。「河流、森林、土地和礦山本身是沒有任何價值的，除非人們開啟它們，挖掘它們的潛力，獲取它們的寶藏。」於是，他看向未來，指望年輕一代能夠重拾那份勇氣和探險精神，重塑這片大地的榮景。

　　美國，這個曾經蓬勃發展的帝國，現在正處於轉折關頭。亨利・亞當斯向我們傳遞了警示，提醒我們不要沉淪於物質享受，而應保持對靈魂的渴望。同時，他也向我們寄予希望，相信新的一代定能重振這片土地的活力，引領美國走向更加燦爛的明天。

戰火洗禮下的階級矛盾與社會變遷

在戰火的洗禮下，那些年輕的生命先行逝去，死在了那些血腥的戰場之上。然而，倖存下來的人卻似乎無法真正從創傷中走出，他們彷彿被困在了芸芸眾生之外。可悲的是，那些從前勤勞耕作的人，如今已經不願再次回到田野和工廠。他們變得像是一個安逸的地主階級，成為了新時代的封建領主。

他們需要工人、農民和傭僕，任何有力氣能幹活的人。但是當地的勞動力卻遠遠不夠，於是他們不得不向外尋找。那些口音古怪、衣著粗糙、思維遲鈍的外來者，起初似乎並不如何可怕。讓他們居於簡陋的小屋，給予基本的教育和宗教自由，並告知他們自己的「地位」。一開始，這種政策似乎並不會有什麼極大的危險。那些外來者，只要能夠安分知足，就會心甘情願地服從主人，感恩戴德。

然而，一旦填飽了肚子，那些遲鈍的大腦慢慢甦醒，他們開始思考自己的處境。不斷被灌輸的所謂」幸福感」，也逐漸消失殆盡。他們發現，生活在這塊土地上的公民，享受著美好的物質生活，而自己卻只能處於次等地位。他們也開始懷疑，這究竟是一個文明的天堂，還是一個虛幻的樂園。

這是一個古老的故事，無論是在巴比倫、埃及，還是如今的美國，都難免會重複上演。統治階級與被統治階級的矛盾，

一次次上演，留下了歷史的輪迴。文明的興衰，注定要以此為特徵，一次次上演著。

新生代移民的煩惱

作為第二代移民，他們並不知滿足現狀。他們生長在一個讓人耳目一新的環境，但也因此產生了新的煩惱。

不同於第一代移民，他們並沒有經歷過那段艱難的移民歷程，自然也無法完全理解父輩們的困難經歷。他們只看到了現有的富裕生活，因此更加固執地追求平等地位。然而，這樣的要求卻屢遭阻撓。那些土生土長的原住民對他們充滿偏見，將他們視作「野蠻部落的後代」，斷言他們永遠也別想與之平起平坐。

即使面對這種歧視，新一代移民仍然挺直了脊梁。他們見證了父輩們透過勤奮和智慧逐步攀登社會階梯，贏得了重要的地位。但隨著時代的變遷，原本牢牢握在他們手中的權力漸漸被新移民所取代。一些更年輕、更有活力甚至更聰明的新移民成為了新的領導者，而老一代面臨著被邊緣化的命運。

對此，第二代移民感到困惑和憤怒。他們認為一直以來父輩們所宣揚的「四海之內皆兄弟」、「機會均等」純屬虛言，實際上仍舊存在著種種隱形的壁壘。他們不理解為什麼自己會落入如此境地，而這種苦惱也必將在往後的歲月中日益加劇。面對潛藏的階級矛盾和文化隔閡，新生代移民究竟應當如何應對？

文明興衰與人類命運的輪迴

　　時光荏苒，人類社會的發展歷程充滿了複雜與矛盾。本書探討了主宰人類歷史程式的神祕力量，宿命，以及其在不同時空裡如何影響著人類的選擇和命運。

　　早在兩個世紀前，在普利茅斯登陸的拓荒者後裔，憑藉著「最先到達者」的優勢，他們堅信自己理應成為新建立帝國的合法主人。他們執著地要求自己的語言成為國語，自己的宗教信仰和倫理觀念成為定居者的行為準則。然而，「統治即意味著強大」，再美好的理念也無法改變這個事實。政府的存在本質上就是力量的展現，而這種力量並非單單展現在鞭撻或監獄，而是一種更加巧妙、合理的控制方式，使人民不知不覺中服從於統治者的領導。

　　當人口逐步減少的統治者失去領導能力時，他們只得滿足於坐而論道，將資金用於投資，讓他人去做實際工作。而不久前還在開渠挖溝的人，最終取代了那些坐享其成的統治階層。19世紀上半葉，墨西哥人才真正明白了一個古老的道理，世界萬物不允許留下真空。一個富庶的弱小國家必將成為強大鄰國的獵物。19世紀下半葉，聖安納的征服者洞悉了優勝劣汰的生物學原理，利用大規模移民來加速侵略的步伐。這種錯誤雖然事後看來很明顯，但卻如尼羅河般古老，亡羊補牢已為時未晚。

　　歷史告訴我們，任何企圖築起堡壘來阻礙「蠻族」前進的

企圖，最終都將失敗。就如古代埃利斯島的廢墟散布在世界各地，中國萬里長城的遺跡，以及只能單人通行的小橋和日本本土，無一不在訴說著自我封閉最終導致崩潰的故事。我們的國家歷史恐怕也難逃此劫。歷史的宿命似乎在一次次循環中重演，而人類卻難以擺脫其中。

物質的掌控

在歷史的洪流中，人類社會的發展從未缺乏波瀾壯闊的篇章。西奧多・羅斯福曾嘗試揣測「多語言共融的社會」最終將湮滅的命運，但這並不能掩蓋一個事實，盎格魯-撒克遜人作為共和國的統治階級，他們所剩的時間已經不多了。對某些人來說，這可能是一場悲劇性的災難；對西元 500 年的羅馬人而言，哥特人和勃艮第人的崛起無疑意味著帝國的沒落和世界的終結。

然而，歷史往往會出人意料地展現另一番光景。在一千年後的今天，東西方的交融孕育了一種全新的文明，在各個層面超越了古老帝國的高度。或許，我們應該讓時間的齒輪自由運轉，因為它們常常會以出人意料的方式轉動得很好。

人類社會的發展並非一蹴而就。最初，在亞當和夏娃的伊甸園時代，並不存在任何有組織的政府，每個家庭本身就是一個自治單位。但隨著人口的不斷增長，弱者漸難生存，他們便組織成小型集團，推舉強大的領袖。這些領袖最終演變為正式

的統治者，掌握著其部落近乎絕對的權力。

然而，建立政府的初衷並非如此。理想中，國王和臣民之間存在一份正式的「契約」，國王由人民選舉產生，為人民服務，而臣民若對他的統治不滿，隨時可以罷免。這種理論在華盛頓和傑佛遜的時代頗為流行。

但近半個世紀的社會研究卻顛覆了這一觀點。我們發現，政府的根源實際上在於人民，而統治者是為了維護臣民利益而創造出來的。在某些黃金時代，富裕的臣民甚至可以藉助強大的私人軍隊，迫使統治者簽訂契約，承認自己只是國家的「第一公僕」。

然而，最初建立國家的過程卻與此恰恰相反。實際上，是組織成集團或國家的人們，先選出一位精明強幹的領袖，由他的私人衛隊去征服周邊村落和城市，然後透過暴力手段將其統一成一個小國家。這種物質的掌控，往往成為建立政權的根本驅動力。

人性的弱點從未改變，但歷史的長河總是充滿著驚喜。讓我們謙卑地接受時間的洗禮，以期一睹人類文明演化的全貌。

權力與利益的捆綁術

在這段歷史敘述中，我們清晰地看到了統治階層如何巧妙地將自身利益與民眾利益捆綁在一起，維護其獨裁統治。

首先，國王會直接向鄉村長老發出威脅，宣稱自己擁有一支精銳強盜，會撕碎任何敢反抗的人。表面上是一種強權統治，實則是一種赤裸裸的恐懼統治。然而，國王也聲稱自己是一個講道理的人，只是需要資金來維持自己的生活。於是，他們想出了一個稅收制度，表面上保護鄉民不被外敵侵害，實際上是將鄉民徹底剝削。

為了獲得更牢固的統治地位，國王接著與教士達成了協。國王承諾教士在事關共同利益的問題上予以支持，教士則宣稱國王是神授的，因此不可侵犯。從此，君權神授成為了統治階層的共同信仰，而教士也成為了統治集團的一分子。他們將自己的利益和神聖權威捆綁在一起，為自己的統治披上正當性的外衣。

最後，即使國王與其他統治者之間偶有矛盾，但統治階層整體上還是採取合作策略，確保他們在社會中的統治地位。他們隱藏了社會矛盾的事實，不斷鼓吹民主理念，企圖將自身的統治合理化。

可見，統治階層在維護其統治地位的過程中，不僅採取強權手段，更是善於利用意識形態的控制，巧妙地將自身利益與民眾利益捆綁在一起，以達到持續統治的目的。這一歷史演變過程，也反映了人類社會矛盾的普遍性。

不同文明的價值觀與人生理想

不同的文明發展環境，往往形塑出截然不同的價值觀與理想生活方式。在這片遼闊的地中海沿岸地帶，我們可以看到四個截然不同的文明形態。

位於地中海東北部的埃及，基本無需防衛外敵，因此軍人地位低下，人們心目中的理想生活，就是恬靜安康的農民生活。而斯巴達則完全相反，依賴軍事力量維護生存，因此崇尚紀律和耐勞的武夫美德。

再往東，猶太人雖無武力能力，但必須嚴守宗教教規，以維繫聖地耶路撒冷的存在。他們從小即接受嚴格的宗教教育，虔誠服從成為最高品德。

而腓尼基人不同，他們完全擺脫農業和軍事，一心投入商貿，崇尚精明能幹和社交技巧，視武力和宗教為無關緊要的。

如此四種文明，在不同的生存方式和發展歷程下，孕育出截然不同的價值觀與人生理想。埃及人嚮往安逸農村，斯巴達人推崇鍛鍊有素的戰士，猶太人強調虔誠遵從，而腓尼基人則唯重財技。這些豐富多彩的人生追求，折射出地中海世界文明的多樣性。

從羅馬到美國，權力與價值觀的轉變

過去，羅馬曾經把整個西方世界納入其殖民版圖，需要大量精通行政管理與司法的公民來治理領土。在這個過程中，羅馬孕育了一批冷靜穩重的行政長官與英勇的士兵，成為後人學習的榜樣。隨著時間的推移，羅馬不再是西方世界的中心，但其精神價值卻日益凸顯。新的統治者更需要善於文字的文職官員，取代了往昔備受推崇的軍人和行政官員。

在美國建國初期，廣闊的自由土地讓大多數人得以擁有自己的地塊，過上幸福自由的生活。然而這種經濟上的近乎絕對平等的局面並未持續太久。到了19世紀中期，情況又恢復正常，人民再次分裂為債權人和債務人。正如前述，統治階級會重新樹立一些行為準則，作為公民應當努力追求的理想，這一次的理想則成為對財富的崇拜。

其實在此之前，一些商業共和國如佛羅倫斯、威尼斯等，就曾經把聚斂財富視為最高尚的公民美德。但是，美國移民在如此短暫的時間內獲得巨大財富的機會，在歷史上前所未有。這就催生了一種崇尚財富的新理想。權力的轉移伴隨著價值觀的蛻變，固有的道德標準也隨之改變。從軍人和行政官員到文職菁英，再到以財富為崇高追求的人，這其中折射出了美國社會的急遽變遷。

從個性到財富，美國文化的轉變

隨著內戰的結束和外敵的威脅消失，美國的國家安全不再需要大規模的軍隊。取而代之的是一支小規模但高效的艦隊，足以應對突如其來的緊張局勢。與此同時，過去那種獨立和自由的拓荒精神，也逐漸被人遺忘，成為歷史書和愛國主義教科書上的詞彙。

這個轉變並非偶然。隨著經濟和社會的發展，新的價值體系正在悄然形成。財產神聖不可侵犯的理念開始興起，「成功」成為新的崇拜偶像。取代舊有的口號」堅守你的個性，你就會快樂」，是一句全新的人生哲學：「拋棄你的個性，你就會富有」。

這種轉變在政治領域也有所展現。19世紀上半葉，美國總統大多是個性鮮明的人。不論是博學多才還是能力平庸，他們都有自己獨特的思想和風格，為人們所深愛或深惡。然而，隨著時代的變遷，新的行為準則悄然興起：節儉、經濟、守時、循規蹈矩，這些被視為最高的公民道德標準。

美國由一個崇尚個性與自由的國家，逐漸轉變為一個崇尚財富與順從的社會。這一轉變的過程看似自然，但卻徹底改變了這個國家的文化與價值觀。舊有的理念被悄然遺忘，取而代之的是對金錢與威權的崇拜。這種轉變不僅影響政治領域，更深深地扎根於整個社會的價值體系之中。

物質至上的危機，19 世紀末美國的價值觀轉變

　　19 世紀下半葉，美國發生了翻天覆地的變化。過去那些信奉學習和勤勉能換來任何成就的教育理念，被一種全新的價值觀所取代。小孩子再也不會被鼓勵為了有朝一日成為總統而努力，取而代之的是一種對物質財富的狂熱追求。議員們不再代表人民的思想，而是成為各種利益集團的代理人。整個社會都被這股強大的物質力量所吞噬，拋棄了人性中最珍貴的東西。

　　雖然仍有一些人試圖反對這種非人化的社會趨勢，但他們已經所剩無幾了。連憑藉著「幸運女神」之力登上總統寶座的羅斯福，也無法阻礙這場物質主義的浪潮。在短暫的抵抗之後，一切都恢復了原樣，一個由銀行、工廠和各種語言組成的「沒有靈魂」的國家。人民的心靈已被物質掏空，成為純粹的金錢、權力和地位的追求者。

　　這樣的變化令人痛心。曾經的理想國已經成為一個只崇尚金錢至上的冰冷社會。我們必須警惕這樣的轉變，記住人性的價值才是最重要的。否則我們將沉淪於物質的泥沼，喪失作為人類應有的思考、創造和情感的能力。我們需要找回真正的自我，重拾被遺忘的理想和夢想。只有這樣，我們才能重獲精神的自由，重建一個富有靈性和人性的美好社會。

科技與人性的困境

即使是精神上完全獨立的天才，也會接受無生命物質的專制，被這些新的民族之神驅使著，而沒有一句抗議和怨言。在這種情況下，救贖的唯一希望就是文學領域。通常情況下，諷刺作家要比政治改革家更強大。一支筆的力量有時比一支槍更強大。然而，現今的文學也早已臣服於新世紀的物質專制之下。那些曾對現行社會制度持批判態度的批評家，也被馴服了；而那些拒絕向這種新的物質專制屈服的人，則被蹂躪和踐踏。其他的人也最終喪失了勇氣，躲在一邊唱起了讚歌。

這個國家因地理位置遙遠而得以獨立發展，它可以向南方的鄰國發號施令，卻無需擔心有任何不愉快的後果。只要它認為有必要，它就會毫不猶豫地展示其武力，儘管有時是不必要的。然而，命運之神突然提出了一個十分荒謬的問題：「你們已經聚集了如此多的財富。你們的工廠、高速火車、摩天大樓比任何人都多。你們銀行裡的存款數以億計，你們的人均財富比歷史上任何一個國家都要多。既然你們已經擁有了這一切，那麼，你們要利用這些財富幹什麼呢？」這個問題讓我們感到無從下手。

物質的累積並沒有帶來精神的自由，反而使人陷入了新的禁錮。文學失去了批判的力量，人性也逐漸被物質的追求所腐蝕。我們不禁懷疑，這份看似無盡的財富，究竟能否帶來真正

的幸福和解脫。我們必須重新思考，究竟什麼才是最珍貴的，什麼才是值得我們追求的。

新興列強的明爭暗鬥

新興列強的明爭暗鬥

在宗教改革的餘波中，歐洲大陸陷入了漫長而殘酷的三十年戰爭。戰火蔓延遍及歐洲各地，給德意志帝國帶來了毀滅性的打擊。人口減少到原來的四分之一，國力更是一蹶不振。這個曾經強大的帝國，在這場戰爭中被排斥在瓜分世界的行列之外。

與此同時，其他新興的歐洲列強趁機在亞洲、非洲和美洲拓展勢力，爭奪殖民地和廉價原料。西班牙和葡萄牙、荷蘭和法國，乃至英國，彼此之間不斷為了領土和資源而展開激烈的角逐。等到硝煙散去，他們都占據了自己渴望已久的殖民地，得以貿易和開採資源，實現了自身的經濟發展。

在這樣的國際格局中，那些被迫流亡到北美大陸的清教徒，也成為了各方利益博弈的犧牲品。他們逃離歐洲，不僅為了躲避戰火，更是為了追求宗教自由和獨立。然而，殖民地成為了新的戰場，他們不得不面對著與土著居民、以及其他歐洲移民之間的衝突。

時過境遷，德意志終於迎來了重振雄風的機會。一個小個子巨人──普魯士的奧托·馮·俾斯麥，利用其強硬手段統一了德意志，建立起一個富有活力的統一帝國。這一舉措，也代表著歐洲勢力格局的重新洗牌。新的大國崛起，將引領歐洲乃至全世界進入一個嶄新的時代。

工業革命與全球新秩序的衝突

從普通歐洲人和美國人的角度來看，工業革命的巨大成就，其實隱藏著一個無法彌補的缺憾，它來得太晚了。煤、鐵和石油的供給，早在二百年前就已經被白人強權國家瓜分一空，他們不會輕易放棄這些寶貴的資源。當時除了一些沒有防衛能力的原住民，沒有人敢與這些白人強權展開競爭。

如今，所有的煤礦、鐵礦和油田都屬於那些擁有強大武裝的白人國家。為了維護自身利益，他們會竭盡全力保護這些資源，不讓外國勢力侵犯。因此，如果德國人想要分得這些資源的一杯羹，那就意味著戰爭。而這恰恰是那些已經負債累累的歐洲國家最不想看到的。

有經驗的政治家再次目睹，他們的一切計劃都被某種神祕的經濟力量所打亂。這種力量完全不顧及帝王將相或和平集團的意志，自行運作。物質崇拜並非局限於美洲大陸，而是遍及全球。各國都已淪為這股力量的犧牲品，被機器所統治。

機器是一個貪婪的東西，時刻需要巨量的煤、鐵、銅和鉛等原料來維持運轉。只有滿足了這些需求，一個國家的正常運轉才能保證。所以保證原料源源不斷供應，成為政府的首要職責，否則臣民將面臨饑荒。

位於歷史舞臺最後登場的德意志帝國，為彌補失去的時間，正大肆炫耀自己的活力，給其他國家一種危機感。而反對德國

的陣營，無疑將是早已掌控了殖民地的英帝國。若追溯過去 300 年的歷史，就會明白英國是如何一次次擊敗對手，統治世界的。如今，德國的崛起引發了新一輪的利益衝突。

從觀察到行動，美國一次世界大戰參戰決策

美國參戰的決定並非一蹴而就，而是在長期觀察和審慎權衡之後作出的。德國的卑躬屈膝和狂熱鼓吹掩蓋了其政治遊戲的拙劣表現。相比之下，英國更善於在外交舞臺上追求自身利益，即便需要付出代價也在所不惜。

直到 1914 年，德國人才意識到自己的算盤打錯了，但為時已晚，代價慘重。戰爭的起因並非只是奧地利大公遇刺或條約被違反，而是德國對殖民財富的渴望。美國擁有豐富的自然資源，因此也成為德國虎視眈眈的目標。

當平民百姓潛意識中意識到「戰爭就要降臨」時，美國終於開始準備加入同盟國一方，扛起擊敗德國的重任。憑藉其巨大的工業產能和源源不斷的物資支援，美國扮演了消防員的角色，在短時間內撲滅了德國和奧匈帝國的「大火」。

然而，即使戰爭結束，美國政府仍需保持警惕。就像一個消防隊員需要留守，防止餘火再次蔓延一樣，美國也必須謹慎應對和平後的潛在危機。只有如此，才能鞏固戰爭勝利，為後世留下恢弘的序曲。

英美文明交鋒

1492 年，哥倫布跨越大西洋的航行，本是為了尋找通往印度的捷徑，卻意外發現了一片完全未知的新大陸。425 年後的今天，美國卻重訪了這片曾經被遺忘的土地，試圖拯救那被視為仰慕已久的文明。然而，他們所面對的並不是那些冠冕堂皇的戰爭宣言中描述的單純景象，而是一個複雜得多的社會結構。

我們必須牢記，普通百姓並非總能從歷史角度看待問題。尤其在我們國家，物質慾望阻礙了思想的自由健康發展，歷史洞見反倒被視為是無謂的浪費時間。我們的開國元勛認為這種懷疑論應該被層層阻隔在國門之外，而博學多識只會導致人們行動時猶豫不決、思想過於謙遜。但任何一個受過訓練的老兵都會告訴你，這對軍心士氣的傷害是巨大的。

因為美國統治者的公開目標，就是將平民組織成一支訓練有素的商業或貿易大軍，所以任何可能破壞士氣的因素都會受到嚴厲譴責。或許從學校課程中完全消除這些「破壞士氣」的內容，能對年輕一代有所益處，但他們卻也難以扮演好自己應有的角色。

當我們的年輕人熱血沸騰地加入這場戰爭時，他們充滿了崇高的理想。兩強為奪取資源而爭鬥，最終卻淪為惡魔與天使的衝突。一邊是英國大憲章、聖女貞德和拉法耶式的民主，另一邊是「恐怖」、「尼采」和瘋狂暴君統治的專制。這個問題看似

極其單純，但實際上需要周密部署來解決。

就如同當一個善良之人看到惡棍欺侮無辜時，毋需多加思考就會義無反顧地衝過去施以正義。同樣地，數百萬名美國青年也將奮勇前往，以完成他們心中最神聖的使命。這或許就是當下形勢下的必然之舉。

美國首次參與歐戰

當我們剛登陸歐洲大陸時，失望與沮喪隨之而來。這裡的一切都是如此陌生，與我們熟知的美國截然不同。我們原本期待能夠參與一次偉大而光榮的十字軍東征，但最終卻只有痛苦和幻滅。

我們發現，這個世界似乎出了問題。這個由爭吵不休的小國組成的歐洲，與我們美國人的思維完全不同。我們曾一度認為，自己擁有一個成功的經濟發展模式，可以輸出給這個世界。然而，當我們親身體驗歐洲的陳舊傳統和動盪局勢時，這一切都被徹底打碎了。

這場精神和心理的震撼，至少讓我們重新思考自己的信念和信仰。我們不得不正視自己的使命，並深入探尋民族靈魂最深處的奧祕。當艱難的現實向我們襲來時，往往能激發偉大人物內心最深層的覺悟與決心。

一向平穩的道路，如今也遭遇了前所未有的動盪。我們過去的生活舒適安逸，從未想過會步入如此泥淖。現在我們知道了真相，原來歐洲也曾沉溺於虛假的祭壇和物質至上的謬誤之中，最終導致了整個大陸的混亂。

　　美國第一次參與歐戰，本是一次偉大的征程，卻淪為一場痛苦的發現之旅。不過，這或許正是上天的恩賜。我們終於看清了這個世界的真相，也重新意識到自身的使命。我們將何去何從，要作何選擇？毫無疑問，我們必須勇敢地承擔起拯救這個世界的重任。

新興列強的明爭暗鬥

美國躊躇滿志的後戰時期

美國躊躇滿志的後戰時期

戰爭結束後，美國人都興高采烈地認為，他們已經擺脫了戰爭的羈絆，終於可以回到那個無憂無慮、自由自在的生活狀態了。然而他們並沒有意識到，這一切都將發生翻天覆地的變化。

美國在這場大戰中的出色表現，使它成為世界強國之一。這意味著它不可能再像之前那樣獨立自主地行動了。作為富裕的國家，美國必須為曾經的盟友，甚至是敵國，提供經濟援助。雖然表面上看並沒有太大變化，但美國人的自由已然受到了一定程度的限制——這或許是第一次世界大戰給美國人帶來的最嚴重後果。

當美國士兵滿懷理想回到歐洲時，他們對新的盟友並沒有太多好感。那些被視為」救世主「的美國人，在陌生的環境中遭遇了各種不便和侮辱，卻又難以真正交流溝通。美國人開始跟盟國之間出現矛盾和衝突，這些都代表著一個全新時代的到來。

過去的單純生活即將結束，美國人必須適應新的全球秩序。他們將在這個變化的時代中尋求新的道路，重新定義自己的國家地位和責任。這對於曾經的「單身漢「來說，無疑是一個艱巨的挑戰。

▌美軍眼中的德國人與現實的反差

在德意志帝國潰敗後，帝國的皇帝逃離至荷蘭，美軍被迫承擔起占領德國大片領土的重任。遠從大洋彼岸而來的年輕美

美軍眼中的德國人與現實的反差

軍,與他們所見到的這些平靜的德國鄉村和市鎮居民形成了鮮明對比。這些德國人與他們原先所熟悉的形象大不相同:他們面帶微笑,熱情待人,善良友好。這讓美軍內心充滿了矛盾和疑惑,他們無法理解為何宣傳一直將德國人描繪成野蠻殘忍。

這些德國居民與東部、西部那些黑暗內陸地區的真正德國人不同,他們的血統中摻有高盧人的血液,生活在富庶美麗的萊茵河畔,與專橫霸道的普魯士人大不相同。美軍只見識到了德意志帝國的一個小角落,卻將之與整個德國劃等號,得出了與真相相距甚遠的結論。他們失去了剛抵達歐洲時的那股善意,認為把這些自私自利、互不相容的小國家聯合起來是個徒勞的苦差事。

然而,當他們準備返國時,內心逐漸浮現出了迷惘。他們開始懷疑,也許之前對德國人的印象並不準確,也許這個古老國家的德國人並未像宣傳中所描述的那般野蠻凶殘。他們不禁感慨,當地人對他們如此友善,即便在戰敗的情況下,依然樂於與他們分享美食,這與他們在法國所遭遇的冷淡氣氛形成了鮮明對比。也許德國人與他們原先想像的並不一樣,也許他們與這片土地的純樸善良的居民一樣,都是值得被理解和尊重的人。

美國躊躇滿志的後戰時期

▎重塑戰後新秩序，美國人的願景

在這場世紀大戰的餘燼中，千百萬美國民眾都懷著渴望和平的心情。威爾遜總統提出建立國際聯盟的計畫，希望美國能在其中扮演更加直接和重要的角色。但是，我們應該記住，威爾遜對這場戰爭的理論和分析極感興趣，卻對實際戰鬥缺乏興趣。而在第二次世界大戰時期，領導我們國家的羅斯福總統則一直密切關注著艦艇、水手和戰士。

當人們閱讀羅斯福的《大西洋憲章》時，不難感受到他和邱吉爾先生的思想交織其中。人們希望他們不僅要致力於戰勝德國，還要為明天的世界做一些準備，對德國實施嚴格的軍事控制。但如果仔細研究威爾遜的《十四點計劃》，就會發現他的真誠和對世界形勢的深切關注。他相信，透過必要的道德措施，世界大戰這類事情是不可能再發生的。

不過，我們的年輕人可能並不都是教授。當他們從戰場歸來，他們會迫不及待地告訴家人和鄰居，那些關於舊大陸國家公平和平等的話只是胡言亂語，不過是在浪費美國人的時間和金錢，我們最好還是及早離開歐洲，這對大家都有好處。

我們必須意識到，如何重塑戰後的新秩序，對於美國民眾來說，是一個複雜而充滿挑戰的任務。需要在威爾遜理想主義和羅斯福務實主義之間找到平衡，同時也要鞏固國內民眾的支持。只有凝聚美國人的共識，才能為世界鋪就通向和平的道路。

從「十四點和平原則」到政治悲劇，威爾遜的理想與現實

作為一位博學多聞的學者，威爾遜總統對建立一個持久和平的國際秩序充滿熱忱和理想主義。他真誠地相信基督教和民主價值觀必將引領人類邁向更美好的未來。然而，他卻無法理解普通民眾對外國事務的深深不信任和對於承擔國際責任的抗拒。

當威爾遜的「十四點和平原則」被退伍軍人們嘲笑並企圖葬送時，他無法接受自己宏偉計劃的失敗。作為大學校長出身，他習慣了自己的觀點從未被否定。但現實是，美國人民根本不願意接受一個由外國主導的國際秩序，他們寧可自己決定國家前途。

作為站在上帝一邊的偉大領袖，威爾遜無法理解普通百姓的理由恰恰是最合理和充分的。他故步自封，無法接受現實政治的高明之處在於「做可能做的事」，而非一味追求理想。最終，這次嚴重打擊使他在任期最後一個月中風，孤獨而悲傷地離世。

這樣一位懷揣美好願景的偉大總統，最終遭遇了理想破碎和政治失敗的悲劇命運。他的故事折射出理想主義和現實主義之間難以調和的矛盾，也揭示了偉大領袖往往容易陷入自我孤立和想當然的局限。這一切都成為威爾遜悲劇的註腳，也成為歷史的一段鮮活註腳。

美國躊躇滿志的後戰時期

美國的崩塌與反思

對於美國人來說,他們經歷了一個起起伏伏的時期。當他們的領導人被視為人類救星時,他們興高采烈地慶祝;而當這位領導人的結局悲慘時,他們又以最不體面的方式來反應。然而,有一些有遠見的美國人開始意識到,現代交通運輸工具已經使美國成為世界不可或缺的一部分。

大部分美國人的生活又回到了戰前的狀態,他們專注於自己的利益,盡快累積財富,建立一種生活標準,確保每個公民的生活水準。他們完全不需要考慮世界其他地區的想法。當一些悲觀主義者發出不和諧的聲音,警示過度消費和投機會帶來災難時,他們卻被粗暴地踩在腳下。

然而,悲觀主義者比樂觀主義者對形勢有更深刻的理解。股票交易所出現了輕微的震盪,接著天花板的碎片開始墜落,牆壁出現了嚴重的裂縫,最終,在一聲巨響中,這個以虛偽和物欲為基礎的大廈轟然倒塌。

對於這場災難,美國人民根本就沒有任何防範。直到這時,他們才意識到自己的利益遭受了巨大的損失,他們才知道,美國是世界的一個組成部分,就像摩天大樓是城市的一部分一樣。即使是最雄偉堅固的建築,也會在周圍的房屋倒塌、瓦礫遍地的景象中顯得衰敗。這場災難清楚地告訴美國人,他

們不能再孤立自己,忽視世界其他地區的利益,必須審視自身的行為,找到更加可持續和負責任的發展道路。

全球視角下的美國歷史

作為一個值得信賴的報導者,我必須告訴你們,要理解美國過去的歷史,我們必須放眼全球。美國的命運與世界其他地區的事件息息相關。讓我為你們簡述一下在俄羅斯、土耳其、希臘、德國、利比亞和衣索比亞發生的大事,這樣我們才能全面理解這段時間內美國歷史的脈絡。

人類的歷史就像是一個難以預測的疾病,沒有人能準確預知它未來的發展。就連最聰明的評論家也往往錯判了事態的走向。我們的祖先曾經在自由之樹下歡欣鼓舞地舞蹈,相信法國大革命所揭櫫的自由、平等、博愛的理念已在新舊大陸遍地開花。然而,拿破崙的暴虐統治和後來的反動潮流,很快就證明了他們的樂觀過於天真。1848 年的革命未能真正實現民主,反而加強了君主制的復闢。

第一次世界大戰本應為民主創造和平的世界環境,卻最終導致平衡的崩塌。誰是戰爭的最終贏家?我們不得不承認,冉冉升起的俄國革命家列寧取得了勝利,將六分之一的世界推向了社會主義的道路,這正是舊式民主最渴望卻又最不願意看到的。

美國躊躇滿志的後戰時期

　　當我閱讀戰後的各種報導和演講時，我感到有必要提高警惕。那些熱情過度的人相信無意義的戰爭即將終結，但我預言，這場衝突勢必會愈演愈烈，那些神聖的條約必將失效。直到出現一位天才領袖，能夠以成功商業公司的方式來管理國家，我們人類才能夠擺脫苦苦掙扎的命運。

民主的誘惑與危險

民主的誘惑與危險

自古以來，人類就深知，演說技巧是民主制度最大的威脅。雄辯天才和藝術天才有相似之處，但最終只是單純的藝術而已，並無治理國家的能力。正如我們不能指望大都會歌劇院的歌唱家或卡內基音樂廳的音樂家能創造奇蹟一樣，我們也不應指望那些在政治舞臺上擅長演講的人能夠治理好複雜的現代國家。

我們依然生活在狄摩西尼的影響之下。這個古希臘人擁有非凡的口才，僅靠華麗的辭藻就能說服同胞，最終導致希臘失去獨立。如今，我們像中世紀的人們一樣，深陷「民主」這個詞的控制之中。

我們看到近五十年來最優秀的演說家威廉·詹寧斯·布萊恩，雄渾的嗓音曾使數代美國人著迷。但當他有機會真正成為國家領導人時，卻可能將我們引向災難和荒謬的邊緣，這對一個大國的聲望是致命的。我們不得不讓他離開，因為單靠富有激情的喉嚨並不能治理好複雜的 20 世紀工業國家。

我們的開國元勛都是 18 世紀自由主義的信徒，他們選舉總統時知道應如何做出明智的決定。但不久之後，破壞勢力重新登上舞臺，使政治成為喵喵聲最響的野貓爭鬥場。如果政治淪為這般決鬥場，人類的命運也就注定了。

自從偉大的演說家主宰世界以來，和平就難覓蹤跡。他們憑藉言詞就能影響數以百萬計的同胞，最終將整個文明世界推向殘酷、絕望的深淵。我們只希望他們能從中解脫。

從希特勒到外交失誤的全球反思

在憎恨希特勒的同時，我們也不必過度自負。能躲過希特勒這樣的社會毒瘤，相當程度上只是我們的幸運而已。下次，我們也許就沒有這般幸運了。因為這個現實世界，建立在科學事實、理性和常識之上（正是我們所渴望的目標），除非議會明令禁止那些華而不實的辯論——這些早已被致力於拯救人類的科學家們所摒棄——否則我們將再無機會。這些認知讓我一度迷失方向，但我已準備好返回起點。

現在，讓我簡要地講述一下在舊世界發生的那些事件。這些事件差點導致災難性的結局，將使每一輛豪華轎車都變成無家可歸的流浪貓。我願意談談俄國。如果盟國能夠真正了解遍布俄羅斯的不滿情緒，或許能夠阻止沙皇俄國的徹底崩潰，進而也阻止布爾什維克的崛起。但由於一系列誤解，同盟國外交陷入一片混亂。

擁有治外法權的外交使團是個奇異的階層。其他官員或因錯誤而受到嚴懲，甚至可能被撤職，倘若他們欠缺洞察力和遠見，甚至可能遭受死刑。另一方面，由於外交官的無能而造成災難性後果，卻在員警的護送下乘坐優先班車返國，還能收到一束送別的鮮花，向對方鞠躬稱謝。回國後，他們拒絕解釋自己的錯誤判斷（「我們必須守護國家機密」），只是向上級禮貌打個招呼（不要懷疑戈林先生狩獵室響起的槍聲，也不要對某小

姐成為親愛的波多里亞伯爵夫人而感到驚訝），然後就無影無蹤了，除非他們打算用拿破崙手法寫回憶錄，掩蓋錯誤，誹謗對手，否則他們將被人遺忘。

我們應該公正地對待每個人，即使是壞人。在「一戰」後的二十年中，外交官們忙得不可開交，但仍然秉持著自梅特涅以來一直沿用的老套路行事，彷彿什麼都沒發生過。他們沒意識到，自神聖同盟成立以來，歐洲已發生巨變。無休止的會議或許還能派上用場，但收音機和飛機已改變了時間和空間，國家的人口已不再是由虔誠、服從的農民組成，而是由受過良好職業訓練的產業工人，他們對如何使用槍械非常熟練。

法西斯崛起下的扭曲世界

在凡爾賽的和平協定顯得無能為力後，歐洲再次陷入動盪及失序之中。一個新的政治狂人在義大利崛起，用暴力和威權主義的手段重建了秩序與穩定。與此同時，波蘭也在西方大國的支持下，企圖恢復其帝國夢想，但終究只換來了失敗和羞恥。這一切都突出了當時世界政治的扭曲與迷失，原本應該維護和平、秩序的國家領袖，反而成為了引發更多混亂的導火線。

在這種背景下，時代的大潮推動著一位義大利政治家登上風頭。他曾是一名社會主義鼓動家，經歷過多次入獄。但如今，面對動盪的國家局勢，他提出了一個明確的重建計劃，以恢復法律

與秩序為目標。儘管大多數人原本並不信任他，但在無可選擇的情況下，義大利人最終選擇了墨索里尼所代表的法西斯政權。

對於美國等外國觀察者而言，法西斯政權所帶來的秩序反而是可以接受的。他們看到義大利的街頭已不再有乞丐，鐵路運轉準時，銀行也不再欺騙顧客。與之前的混亂狀態相比，這些確實是一種進步。在他們看來，墨索里尼無疑是一個了解自己在做什麼的優秀領導人。甚至有些美國人還熱情地贊同他對婦女地位的觀點，認為這是回歸傳統的恰當做法。

然而，這種短視的觀點忽視了法西斯政權本質上的反動性質。它雖然恢復了表面的秩序，但卻建立在對自由和民主的全面壓制之上。在墨索里尼強大的統治下，個人權利與尊嚴都淪為了權力的玩物。這樣的政權雖然一時能夠維持表象，但終將成為歷史的陰影，引發更大的動盪與災難。

迷局中的歐洲，從獨裁統治到無效談判

作為一位外國觀察家，我深深地感到歐洲各國的政治局勢正陷入了一片迷局。新聞界已經淪為政府的傀儡，議會也逐漸失去了對國家政治生活的影響力。那些自稱政治家的人只知道互相攻訐，卻鮮有為國家謀劃真誠的政策。墨索里尼的獨裁統治雖然給了美國資本家一些可觀的利潤，但對於整個國家而言卻是一種災難。

至於法國，其議會政客們不僅瓜分國家、相互搶劫，甚至還收買了司法官員。而美國遊客卻總是熱情地描述這個國家的自由生活，卻忽視了其真實的面貌。

在斯堪地那維亞諸國，他們的經濟和社會成就令人嘆服，但在美國人眼中，這些社會主義國家卻令人生疑。我們寧願讚美也不願效仿，只願在慷慨招待我們議員的餐桌上瞻仰一番。

至於我們以前的敵人德國，其領導人並未從失敗中汲取任何教訓，仍然貪戀權力。我們向他們提供了大筆救助資金，但他們卻認為是理所當然的。我們不得不慶幸自己免於成為那個著名的國際聯盟的一分子，這個聯盟的外交手法無非是一場又一場毫無建設性的無休止談判。

看著眼前的歐洲局勢，我們不禁為自己的抉擇而感到慶幸，並諷刺地冀望這些談判專家能夠從中吸取教訓。然而，我們也不得不承認，這些會議的失敗只會造福於當地的飯店老闆和鐵路公司。

美國人的世界視野

我們美國人對於歐洲和亞洲的事態一直都是漠不關心的。在一連串的重要會議期間，一群敬業的新聞記者不懈地報導著歐洲的形勢變化，希望能夠喚起我們對自由民主事業的關注。然而，大多數普通美國人卻仍然沉浸在賺錢和享樂之中，對遙

遠的歐洲和亞洲毫不在意。

　　對我們來說，歐洲就像是遙不可及的月球一樣遙遠。儘管前一次世界大戰的硝煙才剛剛散去，但我們依然深信大西洋的三千英哩會阻隔任何外來侵略，就像上一次只有極少數德國潛艇能接近我們的海岸一樣。至於亞洲，更是遙不可及。有些預言家曾經警告過日本可能會攻擊美國，但他們的聲音卻遭到了嘲笑和忽視。

　　普通老百姓大多將希望寄託在浩瀚的大海和仁慈的上帝之上，認為只要民主正義戰勝了邪惡，美國就能永遠保持安全。就連當日本突然撕毀條約，侵略中國並占領滿洲時，也沒有人感到太過擔憂。我們的政府甚至試圖勸說英國採取聯合行動，但保守黨政府只顧擔心克裡姆林宮的革命家，因此拒絕了這一建議。於是，我們也就沒把這件事當回事了，只想著繼續做生意，賣給日本一些廢鐵，藉此賺取可觀的利潤。

　　我們沉浸在自己的白日夢和金錢當中，直到歐洲和亞洲都陷落，我們也面臨毀滅的邊緣，才突然意識到自己已經在一個危險的邊緣徘徊太久。但到那時，希特勒已經虎視眈眈，隨時準備實施他的瘋狂計劃了。我們為這個古怪的狂人創造了方便，卻遲遲沒有意識到他企圖統治整個世界的野心。我們所有的幸福和不幸，都與這個星球上其他乘客的命運息息相關。

民主的誘惑與危險

▎自由和正義，需要為之付出一切

這絕非簡單的哲學論述，而是我們正面臨的嚴峻歷史事實。此時此刻，當我們每個人都在為自己的生命和自由而奮戰時，哲學家的見解比歷史學家更勝一籌。因為哲學家能夠從永恆的角度洞見事物的本質，這正是我們在這個艱難時刻最需要的。

那些化身為記者的哲學家，正是憑藉他們睿智的觀點，喚醒了人民對即將降臨的危難的警醒。相比之下，我們的外交官卻像患了色盲一般，只見紅色的危機，卻看不到灰色、黑色乃至更多的色彩。

眼下，國內經濟的巨災已蔓延全社會，導致民眾陷入赤貧，甚至流落街頭。這些困境使我們無法全力投入到保護海岸、抵禦敵襲這項艱巨任務中。納粹和日本隨時都會對我們發動攻擊，我們卻只顧自己的事務，置世界於不顧。

華盛頓已變成一座社會和經濟危機的蜂巢。數百萬年輕人淪落街頭，無人照應。雖然這是一個崇尚「個人奮鬥」的時代，但人們已開始質疑這一信條。許多新的聯邦機構應運而生，將無數普通美國人從恐懼中解救，使他們重拾希望和快樂。這當然引來某些社會階層的強烈反對，因為他們此前從「人不為己，天誅地滅」的格言中獲益良多。

但是，這些變革並沒有導致革命的爆發，相反，它們已經成為國家結構的一部分。如果不是大洋彼岸傳來的隆隆雷聲，我

們或許還在一路向前，安步當車。然而，暴風雨隨時可能來臨。

事實上，我們仍未認真關注事態的發展，好像一切都那麼遙遠。而上次世界大戰留下的不幸回憶再次在我們耳邊響起。我們的種族融合仍未完成，有些人卻試圖在這個關鍵時刻趁火打劫，滿足私憤，而不關心國家利益。

我們再次陷入了爭論、誹謗的漩渦，阻礙了戰爭準備，卻不顧這些準備對國家生死存亡至關重要。就在那個致命的星期日，日本人的背信棄義粉碎了我們所有的和平希望，我們終於如夢初醒——無論我們願不願意，我們都已成為這個混亂世界的一部分。

這或許是我們國家歷史上最重要的時刻。我們一直在與不可避免的命運抗爭。在建國一個半世紀裡，我們沉浸在幸福之中，忘記了最重要的歷史教訓——自由和正義需要為之奮鬥、為之付出一切。只有那些珍惜和維護它們的人，才能真正掌握它們。

美國的承諾與未來

當這本書即將排版付梓之際，美國再次站在了歷史的十字路口。過去 20 年間，我們犯下太多錯誤，現在必須為此付出沉重代價。但這次教訓並非白白受苦，而是讓我們重新認識了自己所處的環境，並專注於解決面臨的問題。一旦我們確信這項

工作是值得的，我們必將全力以赴，也就不必再擔心衝突的最終結局。

也許我們不願生活在一個充滿善惡對立的世界中，一部分人虔誠地追隨著拿撒勒先知的教誨，另一部分則野蠻殘暴到連嬰兒也難逃屠殺。但是一旦戰爭結束，我們就有機會消除納粹主義所造成的巨大災難，就像我們清除了霍亂、天花等疾病一樣。到那時，美國將為世界指明通向更幸福文明形式的道路，我們所有人都將為國家利益齊心協力。

這個國家是我們最寶貴的遺產和自豪的泉源，自由、獨立的美利堅合眾國。歷史學家的困境就在於，如果講真話，必將引起眾怒；如果滿口謊言，又將不被上帝所容，因為上帝是公正的。但我們不能迷失方向，必須直視事實，為美國的未來鋪平道路。我們必須做出正確的選擇，承擔應有的責任，共同書寫這個國家光輝的下一篇章。

而阿西西的法蘭西斯（Francis of Assisi, 1181-1226）則是一位非凡的宗教改革家。他放棄了豪門望族的養尊處優，選擇了貧困的生活，以身作則地宣揚對上帝的虔誠和對他人的愛。他創立了以他名字命名的方濟各修會，傳播著謙遜、慈悲和對自然的崇敬。儘管他的人生道路並非一帆風順，但法蘭西斯卻以自己的行動影響了無數信徒，成為中世紀最偉大的宗教領袖之一。

湯瑪斯·傑佛遜（Thomas Jefferson, 1743-1826）是美國歷史上最具影響力的政治家之一。作為美國獨立宣言的主要起草

人，他倡導自由、平等和民主的理念，為新興國家樹立了堅實的基礎。此後，他又出任了第三任總統，在推動美國西部領土的擴張、促進科技進步等方面做出了重大貢獻。作為一位卓越的政治家和思想家，傑佛遜的遺產一直影響著美國乃至全世界的民主程式。

在這本書中，我們將為讀者呈現更多如此卓爾不凡的個人故事，探討他們如何在不同的領域成就非凡。這些人物或許來自不同的時代和地域，但他們所傳承的正是人類文明的瑰寶，勇氣、智慧和對美好事物的執著追求。讓我們一起走進這些傳奇人物的內心世界，感受他們的動人故事。

偉人的故事

詹姆斯·麥迪遜是美國歷史上舉足輕重的政治家之一。他被譽為「憲法之父」，在撰寫《獨立宣言》和《美國憲法》過程中發揮了關鍵作用。作為美國第四任總統，他領導國家度過了戰爭和經濟危機，鞏固了年輕國家的地位。麥迪遜的政治智慧和民主理念為美國未來的發展奠定了基礎。

佛里茲·克萊斯勒是20世紀最富盛名的小提琴家之一。他擁有獨特的表演風格，音樂充滿激情與活力，為鍾愛小提琴的聽眾帶來了無數迷人的演奏體驗。克萊斯勒融合了東西方音樂傳統，開創了全新的小提琴演奏藝術，對音樂發展產生了深遠

影響。他的事蹟激勵後人不懈追求藝術創新，用音樂抒發人生情懷。

歌德是德國啟蒙運動的代表人物，他在文學、藝術、科學等領域造詣頗深，被譽為「文藝復興以來最偉大的人物」。他的代表作《浮士德》描寫人類追求知識和自我完善的歷程，深刻反映了人性的光明面和陰暗面。歌德的作品融詩、詞、小說、戲劇於一體，涵蓋廣泛，展現了他博學多聞、思想開放的一面。他的人生智慧和藝術成就至今仍為世人所敬仰。

但丁是義大利文藝復興時期最偉大的詩人之一，他的代表作《神曲》被譽為世界文學史上的巔峰之作。這部浩大的敘事詩以個人靈魂的淨化旅程為主線，生動描繪了地獄、煉獄和天堂的奇幻景象，深深影響了後世的藝術創作。但丁獨特的詩歌技巧和豐富的想像力，使他的作品成為人類精神史上不可或缺的瑰寶。

歷史上有許多重要人物塑造了西方文明的發展。在美國的歷史中，也有不少傑出人物對國家的發展做出了重大貢獻。

約翰·馬歇爾是美國法學界的巨擘，他出任聯邦最高法院首席大法官長達 30 年，充分發揮了司法權力，大大鞏固了聯邦政府的權威。而安德魯·傑克森作為美國第 7 任總統，其銳利的政治眼光和強勢的執政作風，則引導了政治力量向南方勢力的轉移。

另一位重要的政治家是約翰·昆西·亞當斯，他作為美國

第 6 任總統，雖然任期不長，但是卻對外交政策做出了卓越貢獻，特別是提出了著名的《門羅主義》，為美國未來的發展奠定了基礎。

在文化藝術領域，塞繆爾・摩斯作為電報之父，開啟了電訊技術發展的新紀元，而湯姆・叔叔的小屋中殘暴的販賣黑奴的人物，則反映了當時美國社會存在的嚴重問題。

同時，我們也不能忽視其他重要人物的貢獻。例如，法國學者托克維爾，其著作《美國的民主》深刻剖析了美國社會的特點；古希伯來國王大衛的故事，更是成為西方文明的古老根基；而林肯總統則帶領美國走過了艱難的南北戰爭，捍衛了聯邦的統一。

這些歷史人物或是政治家、法學家，或是學者、藝術家，他們無一不對西方文明的形成和發展產生了深遠的影響。他們的事蹟和思想，至今仍在指引著我們探尋人類文明的方向。

擦撫歷史塵埃，重述過往輝煌

在人類歷史的長河中，曾經有無數英雄、傳奇人物擘畫了人類文明的發展軌跡。無論是古老東方神靈的崇拜，還是南北戰爭時期美國總統的英勇抗爭，抑或是法國女英雄的悲壯事蹟，每一個時代都有其獨特的歷史印記。

民主的誘惑與危險

　　漫步歷史記憶，我們不禁感嘆，原來這些曾經轟動一時的人物，早已化為塵埃。從傑佛遜・戴維斯、皮爾斯總統，到尤利西斯・格蘭特，他們無一不是在特定歷史環境下擔當重要角色的偉大人物。而在歐洲，俾斯麥更是掀起了一場又一場政治風暴，成為德國統一的締造者。

　　即便歷史的輪迴無法拯救這些英雄的遺憾命運，但我們依然能從中汲取無窮智慧。跟隨卡萊爾的足跡，我們得以感受到英雄崇拜的緬懷之情；隨著威爾遜的步伐，我們了解到美國外交政策的重大轉變。無論悲喜，這些記憶點亮了歷史的長廊，成為我們探索過去、認知現在的明燈。

　　歷史的縱橫交錯，造就了難以磨滅的印記。讓我們一起撥開歷史塵埃，重溫那些驚心動魄的故事，感受前人的喜怒哀樂，在時光中找尋自己的根源。只有懂得欣賞歷史的宏偉，我們才能更好地書寫屬於自己的篇章。

國家圖書館出版品預行編目資料

房龍的美國簡史（筆記版）：追溯美國歷史的關鍵時刻，重新解讀一個國家的理想與現實 / 亨德里克・威廉・房龍（Hendrik Willem van Loon）著，伊莉莎 編譯 . -- 第一版 . -- 臺北市：複刻文化事業有限公司 , 2024.09
面 ； 公分
POD 版
譯自：USA history in brief.
ISBN 978-626-7514-86-3(平裝)
1.CST: 美國史
752.1　　　113013548

電子書購買　爽讀 APP

房龍的美國簡史（筆記版）：追溯美國歷史的關鍵時刻，重新解讀一個國家的理想與現實

臉書

作　　者：亨德里克・威廉・房龍（Hendrik Willem van Loon）
編　　譯：伊莉莎
發 行 人：黃振庭
出 版 者：複刻文化事業有限公司
發 行 者：複刻文化事業有限公司
E - m a i l：sonbookservice@gmail.com
粉 絲 頁：https://www.facebook.com/sonbookss/
網　　址：https://sonbook.net/
地　　址：台北市中正區重慶南路一段 61 號 8 樓
　　　　　8F., No.61, Sec. 1, Chongqing S. Rd., Zhongzheng Dist., Taipei City 100, Taiwan
電　　話：(02) 2370-3310　　　傳　　真：(02) 2388-1990
印　　刷：京峯數位服務有限公司
律師顧問：廣華律師事務所 張珮琦律師
定　　價：350 元
發行日期：2024 年 09 月第一版
◎本書以 POD 印製